Jürgen Zapf

Mein Freund Jesus

Jürgen Zapf

Mein Freund Jesus

Ein Briefwechsel unter Freunden

Fromm Verlag

Imprint

Cover image: www.ingimage.com

Publisher:
Fromm Verlag
is a trademark of
International Book Market Service Ltd., member of OmniScriptum Publishing Group
17 Meldrum Street, Beau Bassin 71504, Mauritius

Printed at: see last page
ISBN: 978-620-2-44242-8

Jürgen Zapf

Mein Freund Jesus

Ein Briefwechsel unter Freunden

Inhaltsverzeichnis

Vorwort

Liebe Leser!

Reden wir doch endlich mit Jesus Christus und nicht nur über ihn. Wenn denn überhaupt mit ihm gesprochen wird. Viel mehr wird über die Kirche in Deutschland und das dazugehörige Bodenpersonal geschrieben, das in der inquisitorischen Medienwelt anscheinend nur aus Papst, Bischöfen und Pfarrern besteht. All die vielen motivierten Haupt- und Ehrenamtlichen bleiben mit ihrem fruchtbaren Engagement unberücksichtigt. Positive Schlagzeilen darüber habe ich bisweilen selten gelesen. Für negative Schlagzeilen ist immer ausreichend Platz. Leider haben dafür auch Kriminelle gesorgt und dabei den ihnen anvertrauten Menschen bleibende Schäden zugefügt. Deswegen finde ich es trostlos und blind, dass, trotz der Untaten, allein der Relativismus als der Sündenbock herhalten muss. Was fehlt ist eine kirchliche Innenrevision, die uns erkennen lassen wird, dass Jesus Christus nur noch eine theoretische Mitte ist. Deswegen will ich meine Freundschaft zu ihm auf die mir gegebene Weise bezeugen. Ich sage, warum ich mich Jesus anvertraue. In an mich persönlich gerichteten Briefen, die unterschiedlichen Perikopen der Evangelien entstammen, wendet sich Jesus Christus mir zu. Ich schreibe ihm im vertrauten Du, was seine Briefe in mir auslösen und wohin sie mich führen. Im Bewusstsein der stetigen Aktualität seiner Frohen Botschaft erlange ich für mich ungeahnte Betrachtungsweisen, die mich, zu neuen persönlichen und pastoral spirituellen Ufern aufbrechen lassen. Ich gehöre nicht zu den Christen, die lebenslang frustriert des im ewigen Schatten liegenden Jammertales dahinvegetieren wollen. Im Sinne des Hl. Ignatius von Loyola – überall da Gott zu finden, wo ich ihn finden will – will ich Ihnen zeigen, wo und wie ich Christus begegne. Suchende motiviere ich, sich Jesus Christus auf ganz individuelle Weise zu nähern. Ihm bereits Vertrauende erhalten neue Impulse, finden sich wieder oder fühlen sich bestätigt. Als Ständiger Diakon und begleite ich die Menschen sprichwörtlich von der Wiege bis zur Bahre. Ich kenne die unterschiedlichsten Strömungen. Als Referent für Gemeindeentwicklung weiß ich um die aktuellen Situationen und Schwierigkeiten in den immer größer und unüberschaubar werdenden pastoralen Räumen. Ich erlebe die Menschen in den verschiedensten Lebenssituationen und darf einige auf der Suche nach dem Selbst und einer völlig verwandelten Christusbeziehung begleiten. Bei meinen spirituellen Angeboten wie offene Bibelgespräche, Meditatives Gehen, Exerzitien im Alltag, Glaubensseminare und Eutonie erlebe ich die eigentliche, doch leider selten artikulierte Sehnsucht der Menschen, nach dem Kairos, dem alles erfüllenden Augenblick. Ich gelte als ein authentischer Christ, ernte für meine Ansichten, Ziele und Visionen Applaus und Kopfschütteln. Meine Predigten stoßen auf einen für mich unerwarteten positiven Widerhall. Ich polarisiere, wenn ich von der Zukunft der Kirche Jesu Christi spreche. Für mich ist es unumstößlich, dass sich die Gemeinschaft der Glaubenden quantitativ und qualitativ in Richtung Urkirche bewegen wird, und der einende Schritt nur über die Werke der Barmherzigkeit geschieht, woran wir übrigens alle gemessen werden. Der Christ der Zukunft entstammt schon längstens nicht mehr der traditionellen, langsam dahinsiechenden Volkskirche sondern er ist es, der sich, wie ich, ganz entschieden zu Jesus Christus bekennt und ihn seinen absoluten Mittelpunkt nennt. Er ist das Fundament. Übrigens, nur wer etwas mit Jesus Christus wagt, kann den Lebensgewinn erzielen.

Liebe Grüße

Jürgen Zapf

Mein Freund Jesus

Lieber Jürgen,
Du bist mein Freund, wenn Du tust, was ich Dir auftrage. Ich nenne Dich nicht mehr Knecht; denn der Knecht weiß nicht, was sein Herr tut. Vielmehr nenne ich Dich Freund; denn ich teile Dir alles mit, was ich von meinem Vater gehört habe. Nicht Du hast mich erwählt, sondern ich habe Dich erwählt und dazu bestimmt, dass Du Dich aufmachst und Frucht bringst und dass Deine Frucht bleibt. Dann wird Dir der Vater alles geben, um was Du ihn in meinem Namen bittest.
Dein Freund Jesus (Vgl. Joh 15, 13 – 16)

Mein Freund Jesus,
musstest Du mich so lange umherirren und suchen lassen, bis ich Dich Freund nennen konnte? Die Frage kann ich mir gut selbst beantworten. Ja, diese lange Zeit war absolut notwendig. Ich war mir anfangs übrigens ziemlich unsicher, ob ich Dich überhaupt so anreden darf. Meine Glaubensvermittler in Kindheit und Jugend haben diese Anrede mit keiner Silbe erwähnt. Was nicht verwunderlich ist, sprachen sie doch fortwährend von nichts anderem als von Buße und Weltuntergang und jammerten damals schon, dass immer weniger Leute in die Kirche kämen. Was haben sie mit ihren Drohungen und ihrem Ohrenkrebs erzeugenden Gejammer vollbracht? Nichts. Zurück zum Thema. Natürlich hast Du mir in verschiedenen Begegnungen und Texten immer wieder die Ermunterung und die Erkenntnis, Dich Freund zu nennen, dazu geschenkt. Aber es fehlte die Bestätigung von angeblich doch so kompetenter Seite. Gewisse Sicherheit erlangte ich durch ein Zitat der Heiligen Theresa von Avila. Diese sagte: „Ich kann mit ihm reden

wie mit einem Freund, obwohl er doch der Herr ist.“ So habe ich mich dann auch mit Dir unterhalten. Und als ich das erste Mal öffentlich einen Brief von Dir und meine Antwort dazu vorlas, verlangten viele Zuhörer eine Kopie davon. Das motivierte mich, darin fortzufahren. Ich kann ohne zögern sagen: Du bist der Freund in meinem Leben. Denn Du kennst mich wie kein anderer Ich spreche mit dir wie mit keinem anderen. Ich öffne mich für Dich. Davon gibst Du aber nichts preis. Von Dir bin ich im Tiefsten behütet. Du stößt mich nicht weg von Dir, Du hältst mich, Du lässt mich nicht fallen, während ich für andere Menschen schon völlig chancenlos am Boden liege. Ich bin überzeugt, dieses Gefühl schenkst Du jedem Menschen, wenn er ganz auf seine Weise bereit ist, sein Herz für Dich zu öffnen, damit Du ihn mit Deiner Liebe durchfluten kannst. Lass mich jetzt gemeinsam mit Dir darüber nachdenken, wie sich unsere Freundschaft entwickelt hat. Auf meinem Weg zu Dir gab es rückwirkend betrachtet, neben einem sich langsam vollziehenden Fortschritt, auch Stürze, Irrwege und Sackgassen. Lange Zeit konnte sich in mir kein eigenes Bild entwickeln, weil ich es so übernahm, wie mir es dargestellt wurde. In meiner Kindheit wurdest Du mir als grauhaariger, autoritärer Großvater vorgestellt, der seinem Zorn über uns Menschen stets mit einem Gewitter Ausdruck verlieh. „Horch! Der liebe Gott schimpft!“ pflegte eine meiner Großmütter während des Donnergrollens hinzuzufügen. Wenn dem so ist, dachte ich, dann musst Du manchmal eine Sauwut auf uns haben und versteckte mich ähnlich dem Propheten Elija in einer aus Stühlen, Tisch und Decken gebauten Höhle. Übrigens kursiert dieser Schmarrn, trotz fortschreitender Technisierung und Aufklärung, immer noch. Während meiner Jugend meinte ich, Dich bestechen zu können. Ich legte des öfteren ein Geldstück in das herumgereichte Körbchen, damit solltest Du in den Sand gesetzte Schulaufgaben auf wunderbare Weise in gute Noten verwandeln. Schließlich hatte ich ja von den kuriosesten Wundern gehört. Natürlich gelangte ich nach unzähligen, ergebnislosen Versuchen zu dem beinahe schon empirischen Ergebnis: Mit jedweden Bestechungsaffären hast Du nichts am Hut. Zudem war es für mich der Beweis, dass das „do ut des“ (Ich gebe, damit Du gibst) in Bezug auf die Votivtäfelchen eine Finte war. Du bist kein Dealer mit dem ich über Heilungen verhandeln kann. Du sagst zu den Menschen: Dein Glaube hat dir geholfen, was ich leider erst viel später erkannte. Denn während meiner pubertären Sturm- und Drangperiode entfernte ich mich immer mehr von Dir. Beim Sonntagsgottesdienst saß ich auf der Empore der Stadtsteinacher Pfarrkirche St. Michael und war nun mehr nur körperlich anwesend. Geistig beschäftigte ich mich mit dem weiblichen Geschlecht oder ich nickte auf Grund durchzechter Nächte immer wieder ein. Die einmal jährliche Beichte in der Karwoche absolvierte ich nur, weil meine liebe Mutter mir stets mit der Frage, ins Gewissen redete, was ich denn mache, wenn Du mich augenblicklich abberufst. Ich konnte mir überhaupt nicht vorstellen, dass ein Mensch in jungen Jahren stirbt. Sterben werde ich, wenn ich alt bin, sagte mir mein beschränkter Horizont Tatsächlich führte ich ein elterliches Konfliktvermeidungsprogramm durch. Schließlich befürchtete ich bei Nichtbefolgung dieser wohl leider von Generation zu Generation unreflektierten Verhaltensweisen gewisse Sanktionen für mich. Für meine Eltern wäre eine Welt zusammengebrochen, hätte ich damals schon öffentlich dagegen rebelliert. Ich will sie aber beileibe nicht in ein negatives Licht rücken. Für sie war und ist ihre Form des Glaubens das „Non plus ultra“. Einen Sonntag ohne Eucharistiefeier, gibt es für sie nicht. Selbstverständlich beten sie morgens, mittags und abends. Sie haben versucht, mich Dir auf ihre Weise näher zu bringen. Ihr Glaube beinhaltet eine große Ehrfurchtshaltung, die ich keinesfalls in Abrede stellen will. Selbst wenn mir das entwicklungsbedingt eine Zeit lang ganz schön auf den Geist ging. Im Gegensatz zu vielen haben sie auf ihren Worten bei der kirchlichen Trauung, bei meiner Taufe und der meiner Geschwister Taten folgen lassen, nämlich auf ihre Art ihre Kinder im christlichen Glauben zu erziehen. Die einseitige Abnabelung von Dir konnten sie aber nicht verhindern. Ich kontaktierte Dich nur noch sporadisch. Trotzdem gab es immer wieder Ereignisse und Erlebnisse, die ich aus heutiger Sicht als eine Art „In Erinnerung rufen“ an Dich deute. So bekam ich beispielsweise von einem Bekannten eine Bibel mit den prophetischen Worten geschenkt: „Ich kann damit nichts anfangen. Bei Dir ist sie besser aufgehoben“. Womit er gar nicht so Unrecht hatte. Die erste Zeit avancierte sie zunächst zum Staubfänger. Zwei Jahre später entwickelte sie sich für mich zu einer Glaubensquelle und zu einem Arbeitsbuch. Wer hätte das gedacht? Am meisten bin ich wohl selbst überrascht davon. Ein vom Militärseelsorger ausgehändigtes „Neues Testament“, das mittlerweile von einer Gesamtbibelausgabe im Taschenbuchformat ersetzt wurde, spielte in meinem Auto zunächst die gleiche Talismanrolle wie bei anderen die aufgeklebte Christopherusmedaille oder der um den Rückspiegel gehängte Rosenkranz. Mittlerweile dient mir die Bibel im Auto zur geistigen Erbauung, während ich beispielsweise auf dem Schulparkplatz stehe und auf meine Kinder warte. Ich erlebte eine Reihe von negativen, schmerzlichen und traurigen beruflichen wie privaten Schicksalsschlägen, die sich im Nachhinein als entscheidende Weichenstellungen für mein Leben erwiesen. So wurde mir es verwehrt, Berufssoldat zu werden, was eine berufliche Neuorientierung erforderte. Leider begriff ich zunächst nicht, dass Du durch mich selbst zu mir sprichst.: Durch das, was mich bewegt, was ich fühle, was ich träume, welche Fehler ich begehe, was mich verletzt und auf der anderen Seite, was ich an Positivem ganzheitlich erlebe. Der Weg zu Dir führte über Irrwege und Umwege, über Scheitern und Enttäuschung. Meine Schwächen, meine Ohnmacht und meine Fehler waren und sind es, die mich für Dich öffnen. Erst als ich am Ende meiner Möglichkeiten angelangt war, konnte ich eine wahrhafte Beziehung zu Dir entwickeln. Wenn ich mein von Dir unaufhörlich begleitetes Leben zwischendurch betrachte, dann beginnt ein buntes Mosaik zu entstehen, dessen Steine sich mit Namen und Ereignissen beinahe nahtlos aneinanderfügen, die von meiner unaufhörlichen Ichwerdung zeugen. Auf Dich vertrauend halte ich unumstößlich fest: Es gibt keine Zufälle im menschlichen Leben. Du willst, dass ich nicht nur die Zeichen für meine Lebenszeit erkenne, sondern für die Weitergabe Deiner Frohen Botschaft nutze und entsprechend meiner von Dir geschenkten Charismen umsetze. Du willst, dass ich auf meine Art Frucht bringe. Deshalb motiviere ich zum Vertrauen in Dich und nicht zur Neckermannanimation. Mein Ziel heißt Nachhaltigkeit und nicht kurzfristige vergängliche, fruchtlose Showeinlagen. Wer von neurotischen Egomanen zunächst süßlich eingefangen und danach zwanghaft eingekerkert wird, zerreißt die Kette und ergreift auf Nimmerwiedersehen die Flucht. Damit ich derartiges nicht einsetze, hast Du mir einen starken Willen geschenkt und lehrst mich unaufhörlich in den Fächern Geduld und Gelassenheit. Durch Dich bin ich imstande für Wahrheit und Gerechtigkeit einzutreten und zwar auch dort, wo es für mich zum Nachteil gereicht. Ich danke Dir von Herzen, schon lange nicht mehr zu den Taktikern, den Blendern oder den Rückgratverkrümmern zu gehören, die leider auch im kirchlichen Dienst unübersehbar sind. Das klingt zwar so ähnlich wie bei dem Pharisäer, der über den Zöllner lästert, doch ich brauche Dir ja nichts vorzuheucheln. Du kennst meine emotionalen Ausbrüche, wenn Menschen sich wegen Geld, Macht, und Ansehen prostituieren und wenn Leistung sowie visionäres und zielgerichtetes Handeln keine Rolle mehr spielen. Ich wundere mich nicht, dass es ist wie es ist. Schnitt! Zurück zu uns beiden! Durch Dich werde ich immer mehr zum Ich. Unsere Freundschaft ist mit einer weltlichen Beziehung nur annähernd zu vergleichen. Denn sie steht außerhalb von Raum und Zeit und existiert über den Tod hinaus. Nur ich kann sie in einem Anflug geistiger Umnachtung für null und nichtig erklären. Durch Dein Wirken an mir lebe ich in der Gewissheit Deiner stetigen Gegenwart. Erstaunt erkenne ich, wie nahe Dein Vertrauen zu mir ist; nur ich ahne es oft nicht. Manchmal wünsche ich: Implantiere mir doch für alle Zeit das Bewusstsein Deiner Anwesenheit. Noch nie hast Du mich spüren lassen: Jürgen, ich habe jetzt keine Zeit für dich und deine Belange. Dieser Satz ist Dir gänzlich unbekannt. Ich brauche mir keinen Termin bei Dir holen. Lange Anfahrtswege mit Staugefahr und Umleitungen verursachst nicht Du sondern ich. Denn ich kann Dich finden, wo immer ich Dich finden will. Jesus, danke, dass Du der Freund in meinem Leben bist und mir die Möglichkeit schenkst auf vielerlei Weise Frucht zu bringen.

Dein Freund Jürgen

Sternstunden

Lieber Jürgen,

als ich zur Zeit des Königs Herodes in Bethlehem in Judäa geboren worden war, kamen Sterndeuter aus dem Osten nach Jerusalem und fragten: Wo ist denn der neugeborene König der Juden? Wir haben seinen Stern aufgehen sehen und sind gekommen, um ihm zu huldigen. Als König Herodes das hörte, erschrak er und mit ihm ganz Jerusalem. Er ließ alle Hohenpriester und Schriftgelehrten des Volkes zusammenkommen und erkundigte sich bei ihnen, wo der Messias geboren werden solle. Sie antworteten ihm: In Bethlehem in Judäa; denn so steht es bei dem Propheten: Du, Bethlehem im Gebiet von Juda, bist keineswegs die unbedeutendste unter den führenden Städten von Juda; denn aus dir wird ein Fürst hervorgehen, der Hirt meines Volkes Israel. Danach rief Herodes die Sterndeuter heimlich zu sich und ließ sich von ihnen genau sagen, wann der Stern erschienen war. Dann schickte er sie nach Bethlehem und sagte: Geht und forscht sorgfältig nach, wo das Kind ist; und wenn ihr es gefunden habt, berichtet mir, damit auch ich hingehe und ihm huldige. Nach diesen Worten des Königs machten sie sich auf den Weg. Und der Stern, den sie hatten aufgehen sehen, zog vor ihnen her bis zu dem Ort, wo das Kind war; dort blieb er stehen. Als sie den Stern sahen, wurden sie von sehr großer Freude erfüllt. Sie gingen in das Haus und sahen mich und Maria, meine Mutter; da fielen sie nieder und huldigten mir. Dann holten sie ihre Schätze hervor und brachten mir Gold, Weihrauch und Myrrhe als Gaben dar. Weil ihnen aber im Traum geboten wurde, nicht zu Herodes zurückzukehren, zogen sie auf einem anderen Weg heim in ihr Land.

Dein Freund Jesus (vgl. Mt 2, 1 – 12)

Mein Freund Jesus,

auch ich will mich wie die Sterndeuter auf den Weg machen, zu Dir finden und das immer wieder. Lass mich nur noch meine Laufschuhe anziehen und mich, wie beinahe jeden Tag, meinem Stern folgen. Ich weiß er bringt mich ans Etappenziel. Deshalb kann ich die Begebenheit der Magier auch gut nachvollziehen. Sie befassten sich von Berufs wegen mit Sternkunde und Astrologie, wirkten sie doch als Berater von Königen, Fürsten und reichen Leuten. Sie besaßen ein übernatürliches Wissen. Eines Tages muss etwas außergewöhnliches passiert sein, sonst hätten sie sich doch nicht auf diesen ungefähr 2 Monate dauernden Weg begeben – ein risikoreiches Unternehmen. Was war geschehen? Im Jahre 7 vor Christus (klingt komisch, wenn ich das jetzt schreibe) soll es ein Zusammenrücken von Jupiter und Saturn im Sternbild Fische gegeben haben. Das hat wohl die Astrologen zum Aufbruch bewogen. Ein König musste geboren worden sein. Schließlich symbolisierte der Jupiter den Königsstern und der Saturn den Stern Palästinas. Ohne Handy, satellitengestütztes Navigationssystem und einem Jeep folgten sie dem ungewöhnlichen Stern. Ich denke mir, Sie hatten die zu ihrer Zeit notwendige Survivalausrüstung dabei. Männer mit einer gemeinsamen Vision brachen auf. Das Wort aufgeben kannten sie nicht. Herodes musste fürchterlich erschrocken sein, hatte er doch erst seine eigenen Söhne hinrichten lassen. Warum er die Sterndeuter auf ihrem Weg nicht von einer militärischen Eskorte begleiten ließ oder ihnen heimlich durch Spione nachstellte, schließlich sah er ja seinen Thron schon wackeln, wird für immer ein Rätsel bleiben. Jedenfalls blieb irgendwann der Stern stehen und die Vision erfüllte sich. Ein Gefühl der Freude breitete sich aus. Sie fielen sich in die Arme. All die Strapazen und Gefahren, die angenehmen und unangenehmen Erlebnisse hatten sie hinter sich gebracht. Ihre astrologische Kenntnis hatte sie nicht betrogen. Nun standen sie, nein fielen vor Dir auf die Knie. Du musst in ihren Augen wahrhaft etwas besonderes gewesen sein. Du bekamst Gold als Zeichen Deiner Königsherrschaft, Weihrauch für Dein göttliches Wesen und Myrrhe im Hinblick auf Deine Passion. Myrrhe ist zudem auch das Heilkraut für Wunden. Auch ich bringe meine Gaben zu Dir. Mit der Myrrhe übergebe ich Dir meine körperlichen, geistigen und seelischen Verletzungen. Meine tiefsten Sehnsüchte Frieden, Liebe und Barmherzigkeit überreiche ich Dir durch den Weihrauch und durch das Gold drücke ich aus, wie wertvoll Du mir bist. Ich wünsche mir, dass Du das Negative davon verwandelst und mich im Positiven bestärkst, um den Weg zu meinem Ich, dort, wo Du schon wartest, motiviert fortzusetzen. Jetzt könnte ich eigentlich den Brief beenden. Doch mir ist nach Schreiben zumute. Ich verspüre noch Lust den Weg der Sterndeuter auf mich zu übertragen. In der Tradition ist immer von 3 Magiern oder sogar Königen die Rede, was übrigens nicht aus Deinem Brief hervorgeht. Wenn ich diese Zahl annehme und auf mich übertrage und den Stern als Vision ansehe, dann ergibt sich für mich folgende Erkenntnis. Ich bin Körper, Seele und Geist, die unbedingt eine Vision umsetzen oder ein Ziel erreichen wollen. Das fordert mich als Ganzes. Das Körperliche oder das Geistige oder das Seelische allein reicht nicht aus. Sie müssen wie Zahnräder ineinander greifen, damit ich in Bewegung komme. Sauerstoff und Flüssigkeit treiben mich an. Meine rechte Gehirnhälfte wird aktiviert, die Linke ist seit meiner Menschwerdung in Betrieb. Ich werde kreativ, empfange vertiefende und gleichsam mehrdimensionale Impulse. Diese berühren mein Gefühlsleben, lösen im positiven Sinne Euphorie aus. Zwischendurch, das will ich nicht verhehlen, tritt das blockierende Gefühl des „Nichts geht mehr“ auf. Ich laufe auf der Stelle. Mir stellt sich etwas entgegen. Es ist der Zweifel, der negative Emotionen ausübt, der will, dass ich genügsam werde, mich zurücklehne. Und er will Macht über mich ausüben. Ich soll mich mit dem begnügen, was mir vorgesetzt wird. Er flößt mir Angst ein und hält mich von einer Weiterentwicklung ab oder er fordert mich scheinheilig auf, dieser Vision nachzugehen. Ich wende meine ganze Kraft auf, gelange ans Ziel, verfalle seinem Einfluss wieder und er wirft mich zurück. Doch durch den Traum schenkst Du mir die Möglichkeit, einen anderen Weg zurück in den Alltag zu finden. Wenn mir das gelingt, dann werde ich von großer Freude erfasst. Dann bin ich dankbar und huldige Dir. Im Vertrauen auf Dich weiß ich, dass ich anschließend nicht in ein ewiges Loch falle sondern Du mir neue Visionen schenkst. Von der Theorie in die Praxis übersetzt bedeutet das: Ich habe die Vision ein Buch zu schreiben, das zur weiteren Vertiefung meines Vertrauens in Dich beiträgt und ich potentiellen Lesern einen ersten oder sogar tieferen Zugang zu Dir ermögliche. Dazu braucht es mein ganzes Ich. In der Hauptrolle: Meine täglichen Laufeinheiten, als Gegenspieler treten auf: Mangelnde Disziplin, schwankendes Selbstvertrauen, erhebliche Zweifel, immer wieder kehrende Trägheit, Arbeitsbelastung und chronische Unlust, mich dem eigenen Zeitmanagement zu unterwerfen. Aller Widrigkeiten zum Trotz schreibe ich mal einen Satz, mal einen ganzen Brief ganz so wie ich mich Dir nähere. Wenn ich dieses Projekt eines unbestimmten Tages vollendet haben sollte, hoffe ich, dass sich möglichst viele Leser von mir inspirieren lassen und ebenfalls das Gespräch auf ihre individuelle Weise mit Dir suchen.

Dein Freund Jürgen

Tatsache Auferstehung

Lieber Jürgen,

allen Unkenrufen zum Trotz: Ich bin tatsächlich auferstanden. Nachdem Maria von Magdala am ersten Tag der Woche frühmorgens, als es noch dunkel war, das geöffnete Grab sah und den Jüngern davon berichtete, lief sie mit Petrus und Johannes dorthin. Beide stellten fest, dass mein Leichnam nicht mehr da lag. Während sie wieder nach Hause in den Abendmahlssaal zurückkehrten, blieb Maria draußen vor dem Grab stehen und weinte. Während sie weinte, beugte sie sich in die Grabkammer hinein. Da sah sie zwei Engel in weißen Gewändern sitzen, den einen dort, wo der Kopf, den anderen dort, wo die Füße meines Leichnams gelegen hatten. Die Engel sagten zu ihr: Frau, warum weinst du? Sie antwortete ihnen: Man hat meinen Herrn weggenommen, und ich weiß nicht, wohin man ihn gelegt hat. Als sie das gesagt hatte, wandte sie sich um und sah mich dastehen, wusste aber nicht, das ich es war. Ich sagte zu ihr: Frau, warum weinst du? Wen suchst du? Sie meinte, ich sei der Gärtner, und sagte zu mir: Herr, wenn du ihn weggebracht hast, sag mir, wohin du ihn gelegt hast. Dann will ich ihn holen. Ich sagte zu ihr: Maria! Da wandte sie sich mir zu und sagte auf hebräisch zu mir: Rabbuni!, das heißt Meister. Ich sagte zu ihr: Halte mich nicht fest; denn ich bin noch nicht zum Vater hinaufgegangen. Geh aber zu meinen Brüdern, und sag ihnen: Ich gehe hinauf zu meinem Vater und zu eurem Vater, zu meinem Gott und zu eurem Gott. Maria von Magdala ging zu den Jüngern und verkündete ihnen: Ich habe den Herrn gesehen. Und sie richtete aus, was ich ihr gesagt hatte.

Dein Freund Jesus (vgl. Joh 20, 1 - 18)

Mein Freund Jesus,

stell Dir vor, wir Christen feiern Deine Auferstehung und nur ein Teil glaubt daran. Müssen wir uns da in der Verkündigung und in dem Vorleben unseres Glaubens nicht erhebliche Versäumnisse vorwerfen? Ich gebe mich keineswegs damit zufrieden, es allein dem Zeitgeist in die Schuhe zu schieben. Die Ursachen erscheinen mir vielschichtiger. Ich sehe die Gefahr eines neuen Heidentumes, wenn Menschen mit Deiner Auferstehung nichts anderes verbinden als Osterhase und Osternest, ohne dabei den eigentlichen Hintergrund des Brauchtums zu erkennen. Ich wünsche mir, dass der Begriff Ostern durch das Wort Auferstehungstag ersetzt wird, selbst wenn es komisch klingt. Ich erlebe ratlose und angsterfüllte Kleriker, die in ihren Predigten mit erhobenem Zeigefinger permanent vom Karfreitag sprechen. Damit will ich den Tag Deiner Kreuzigung keineswegs ausklammern, wohl wissend, dass es dem Ansinnen mancher Gemeinschaften entspricht. Leider entpuppt sich die zuvor in deinem Namen gelesene Frohe Botschaft während der Auslegung zu einer Drohbotschaft. Welcher selbständig denkende Mensch lässt sich diesen Senf immer wieder vorsetzen? Viel zu selten höre ich im Verlauf des Kirchenjahres von dem, was uns nach unserem irdischen Ableben erwartet. Die Tatsache der Auferstehung ist in den Gemeinden kaum spürbar. Viel lieber wird akribisch nach dem Haar in der Suppe gesucht. Wie die ängstliche Jüngerschar verharren wir im Karfreitag obwohl Du doch schon längst auferstanden bist und wir es im Glaubensbekenntnis freimütig beten: auferstanden von den Toten, und (ich glaube) an die Auferstehung der Toten. Oder handelt es sich hierbei um reine unüberlegt ausgesprochene Lippenbekenntnisse? Ich jedenfalls komme von diesem Eindruck nicht los. Deshalb bitte ich dich von ganzem Herzen: Schenke mir und allen, die Deine Frohe Botschaft verkünden Authentizität, Realitätssinn und die Fähigkeit einer positiven Motivation. Denn nur so können die suchenden und fragenden Menschen erreicht werden. Ich will ihnen zurufen: Auferstehung ist Tatsache!

Wenn nichts unmöglich ist, dann sie doch erst recht. Nicht nur einzelne Menschen, sondern ganze Völker stehen wieder auf. Eine geteilte Nation vereint sich ohne Blutvergießen nach der zwangsweisen Trennung. Ich betrachte die Wiedervereinigung als ein von Dir durch den Heiligen Geist gewirktes Wunder. Auferstehung muss aber verinnerlicht werden, sonst bleibt sie eine Worthülse. Wenn ich nicht darauf vertraue, wenn ich sie nicht will und sie ablehne, dann geschieht sie nicht. Und wer einen schmerzlosen Weg zur Auferstehung erwartet, der befindet sich auf dem Holzweg. Wahre Selbstfindung geht immer mit einem individuellen Kreuzweg einher. Das hat auch Maria von Magdala so erlebt. Nicht nur, dass sie Dich am Kreuz leiden und sterben sehen musste, sondern auch noch die Tatsache, dass sich Dein Leichnam nicht mehr im Grab befand. Zu ihrer tiefen Trauer kam noch der Verdacht der Leichenschändung auf. Und ihr schenkst Du diese von Dir bewusst herbeigeführte Begegnung. Sie erlebt ihre eigene irdische Auferstehung und sieht gleichzeitig bereits durch Dich die ganzheitliche Auferstehung, die Du uns verheißt. Du verwandelst ihren tiefen Schwermut in grenzenlose Freude, der sie mit ihrem in mir Gänsehaut erzeugenden Ausruf – Rabbuni - und einer innigen nicht loslassen wollenden Umarmung Ausdruck verleiht. Sie wird, biblisch unbestreitbar, zur ersten Auferstehungszeugin von Dir. Weil sie Dich so wie niemand anders liebt, erhält sie vor allen anderen Männern und Frauen den pastoralen Auftrag, Deine Auferstehung zu verkündigen. Nicht Deine Mutter, auch nicht Deine aller engsten Freunde unter den Aposteln Petrus, Jakobus, Johannes und Andreas lässt Du daran teilhaben. Ich schließe daraus: Zwischen Dir und Maria von Magdala muss eine besondere Beziehung bestanden haben. An den hin und wieder aufkeimenden Spekulationen, ob ihr beide nun ein Liebespaar gewesen seid, beteilige ich mich nicht. Schade übrigens, dass ihr so wenig Aufmerksamkeit geschenkt wird. Woran das wohl liegen mag? Jedenfalls darf sie Dich in einer Art und Weise sehen und spüren, was ich mir nach meinem Tod erhoffe ja sogar erwarte. Ich freue mich schon heute darauf, Dir von Angesicht zu Angesicht gegenüber zu stehen. Vielleicht gelingt mir ja auch ein Rabbuni? Überschätze ich mich? Klinge ich arrogant? Bin ich ein Träumer, ein Phantast? Nein, ich will ein grenzenloser Optimist sein. Denn wenn ich nicht auf meine Auferstehung vertraue, dann habe ich auch kein Vertrauen in Dich. Bei einer Wette auf Deine Existenz und die Auferstehung kann ich nichts verlieren, wenn es Dich nicht gibt. Ich kann aber die Ewigkeit gewinnen, wenn das Gegenteil Tatsache ist. Mein Freund, schenke mir die bleibende Freude über Deine Auferstehung und die immerwährende Zuversicht im Hinblick auf meine Auferstehung! Ich freue mich auf meinen von Dir bestimmten Auferstehungstag.

Dein Freund Jürgen

Emmaus ist überall

Lieber Jürgen,

am Tag meiner Auferstehung waren zwei von meinen Jüngern in ein Dorf namens Emmaus, das elf Kilometer von Jerusalem entfernt ist. Sie sprachen miteinander über all das, was sich ereignet hatte. Während sie redeten und ihre Gedanken austauschten, kam ich hinzu und ging mit ihnen. Doch sie waren wie mit Blindheit geschlagen, so dass sie mich nicht erkannten. Ich fragte sie: Was sind das für Dinge, über die ihr auf eurem Weg miteinander redet? Da blieben sie traurig stehen, und der eine von ihnen – er hieß Kleopas – antwortete mir: Bist du so fremd in Jerusalem, dass du als einziger nicht weißt, was in diesen Tagen dort geschehen ist? Ich fragte sie: Was denn? Sie antworteten mir: Das mit Jesus aus Nazaret. Er war ein Prophet, mächtig in Wort und Tat vor Gott und dem ganzen Volk. Doch unsere Hohenpriester und Führer haben ihn zum Tod verurteilt und ans Kreuz schlagen lassen. Wir aber hatten gehofft, dass er der sei, der Israel erlösen werde. Und dazu ist heute schon der dritte Tag, seitdem das alles geschehen ist. Aber nicht nur das: Auch einige Frauen aus unserem Kreis haben uns in große Aufregung versetzt. Sie waren in der Frühe beim Grab, fanden aber seinen Leichnam nicht. Als sie zurückkamen, erzählten sie, es seien ihnen Engel erschienen und hätten gesagt, er lebe. Einige von uns gingen dann zum Grab und fanden alles so, wie die Frauen gesagt hatten; ihn selbst aber sahen sie nicht. Da sagte ich zu ihnen: Begreift ihr denn nicht? Wie schwer fällt es euch, alles zu glauben, was die Propheten gesagt haben. Musste nicht der Messias all das erleiden, um so in seine Herrlichkeit zu gelangen? Und ich legte ihnen dar, ausgehend von Mose und allen Propheten, was in der gesamten Schrift über mich geschrieben steht. So erreichten wir das Dorf, zu dem wir unterwegs waren. Ich tat, als wolle ich weitergehen, aber sie drängten mich und sagten: Bleib doch bei uns; denn es wird bald Abend, der Tag hat sich schon geneigt. Da ging ich mit hinein, um bei ihnen zu bleiben.

Und als ich mit ihnen bei Tisch war, nahm ich das Brot, sprach den Lobpreis, brach das Brot und gab es ihnen. Da gingen ihnen die Augen auf, und sie erkannten mich; dann sahen sie mich nicht mehr. Und sie sagten zueinander: Brannte uns nicht das Herz in der Brust, als er unterwegs mit uns redete und uns den Sinn der Schrift erschloss? Noch in der selben Stunde brachen sie auf und kehrten nach Jerusalem zurück, und sie fanden die Elf und die anderen Jünger versammelt. Diese sagten: Der Herr ist wirklich auferstanden und ist dem Simon erschienen. Da erzählten auch sie, was sie unterwegs erlebt und wie sie mich erkannt hatten, als ich das Brot brach.

Dein Freund Jesus (Vgl. Lk 24, 13 – 35)

Mein Freund Jesus,

zwei Menschen sind zu Fuß unterwegs. 11 Kilometer lang arbeiten sie die Ereignisse der vergangenen Tage noch einmal auf. Ich finde, ein sehr guter Einstieg, um mit dem Seelenschmerz umzugehen. So werden sie nicht apathisch und flüchten sich nicht in den Alkohol. Als Du dann hinzukommst und den Ahnungslosen mimst, zeigen sie, wie positiv sie Dich in Erinnerung behalten haben. Sie loben Dein Wirken, dem Du in Wort und Tat Ausdruck verliehen hast. Sie beklagen die Entscheidung der Nomen Klatura, Dich hinrichten zu lassen. Schließlich hegten sie doch in Dir die Hoffnung, endlich vom Joch der verhassten Römer befreit zu werden. Dabei vernehme ich Enttäuschung aus ihren Worten. Auch mit der These von Deiner angeblichen Auferstehung müssen sie fertig werden. Ich stelle mir gerade vor, wie Du als der vermeidlich Unwissende Deinen Anhängern gegenüberstehst. Warum hast Du Dich ihnen nicht gleich offenbart? Darf ich raten? Du willst, dass ihnen von selbst die Augen aufgehen. Nur wer das selbst vollzieht, der kann Dir und Deinen Worten vertrauen. Du willst, dass sie erkennen: Deine

Schriftauslegung zeigt, hier handelt es sich nicht um irgendwelche Mutmaßungen oder utopische Abhandlungen aus der Märchenwelt. Nein es sind von Dir gewirkte Weissagungen, die auf eine Tatsächlichkeit in der Zukunft hinweisen. Irgendetwas beeindruckt sie an Dir. Sie bitten Dich nach eurer Ankunft in Emmaus zu bleiben. Beim Abendessen geschieht dann, was ich den Emmauseffekt nenne. Ihr Geist, ihre Seele und ihre Körper werden von der Erkenntnis durchdrungen: Du, Jesus Christus, bist auferstanden. Die beiden sind die Ersten, die mit Dir nach Deiner Auferstehung Eucharistie feiern dürfen. Und da begreifen sie endlich, wer Du bist. Emmaus hat eine große Bedeutung für mich. Den Gang dorthin assoziiere ich mit einer Bergwanderung. Ich gehe im Tal bei Nebel los und beim Hinaufsteigen durchbreche ich diese Wand, werde von der Sonne angestrahlt, sehe über mir einen wolkenlosen Himmel und habe um mich herum ein phantastisches Panorama. Emmaus ist, wenn ich mich personal mit meinem Glauben befasse und immer tiefer vordringe. Emmaus ist kindlich naiv ausgedrückt, wenn Wickie ruft: Ich hab´s! Ich denke, dass Du jedem ein Emmauserlebnis schenkst. Schließlich habe ich es ja auch bekommen. Du bist mir begegnet und hast in mir einen entscheidenden Wandel vollzogen. Es war vor ungefähr 15 Jahren. Ich lief durch den Grünauer Forst und musste meine berufliche Zukunft neu ordnen. Eigentlich wollte ich Berufssoldat werden, doch daraus wurde nichts. Anstatt mich vor lauter Frust zu betrinken, fing ich an regelmäßig zu laufen. Hierbei kann ich mich am besten mit allerlei Problemen und Themen auseinandersetzen. So wurde auch mein Glaube ein inneres Diskussionsthema. Bepackt mit all dem, lief ich ungefähr zwei Stunden umher. Währenddessen kamst Du, ein Fahrrad schiebend, auf mich zu. Auf gleicher Höhe blickten wir uns kurz an. Dann versank ich wieder in meinen Gedanken. Ein paar Tage später geschah wieder das Gleiche. Dieses Mal jedoch an einer Stelle, an der ich die Jahre vorher und nachher nie jemandem begegnet bin. Ich habe das bis heute nicht vergessen. Es muss also etwas besonderes gewesen sein. Das Gehirn speichert nur das, was es für wichtig hält. Ich gehe davon aus, dass Du dieser Fremde warst. Danke, dass Du mir immer wieder Emmauserlebnisse schenkst – in der persönlichen Begegnung, in der geistigen Auseinandersetzung und in der seelischen Versunkenheit.

Dein Freund Jürgen

Worauf es ankommt, wenn Du kommst

Lieber Jürgen,

wenn ich, der Menschensohn, in meiner Herrlichkeit komme und alle Engel mit mir, dann werde ich mich auf den Thron meiner Herrlichkeit setzen. Und alle Völker werden vor mir zusammengerufen werden, und ich werde sie voneinander scheiden, wie der Hirt die Schafe von den Ziegen scheidet. Ich werde Dich entweder wie die Schafe zu meiner Rechten versammeln, oder wie die Ziegen zur Linken. Wenn Du auf der rechten Seite stehst, werde ich zu Dir sagen: Komm her, der Du von meinem Vater gesegnet bist, erbe das Reich, das seit der Schöpfung der Welt auch für dich bestimmt ist. Denn ich war hungrig, und Du hast mir zu essen gegeben; ich war durstig, und Du hast mir zu trinken gegeben; ich war fremd und obdachlos, und Du hast mich aufgenommen; ich war nackt und Du hast mich bekleidet; ich war krank, und Du hast mich besucht; ich war im Gefängnis und Du bist zu mir gekommen. Dann wirst Du mir antworten: Jesus, mein Freund, wann habe ich Dich hungrig gesehen und Dir zu essen gegeben, oder durstig und Dir zu trinken gegeben? Und wann habe ich Dich fremd und obdachlos gesehen und aufgenommen, oder nackt und dir Kleidung gegeben? Und wann habe ich Dich krank oder im Gefängnis gesehen und bin zu Dir gekommen? Darauf werde ich dir antworten: Amen, ich sage Dir: Was Du für eine meiner geringsten Schwestern oder einer meiner geringsten Brüder getan hast, das hast Du mir getan. Wenn Du auf der linken Seite stehst, werde ich zu Dir sagen: Weg von mir, Du Verfluchter, in das ewige Feuer, das für den Teufel und seine Engel bestimmt ist! Denn ich war hungrig, und Du hast mir nichts zu essen gegeben; ich war durstig und Du hast mir nichts zu trinken gegeben; ich war fremd und obdachlos, und Du hast mich nicht aufgenommen; ich war nackt, und Du hast mir keine Kleidung gegeben; ich war krank und im Gefängnis, und Du hast mich nicht besucht. Dann wirst auch Du antworten: Jesus, wann habe ich Dich hungrig oder durstig oder obdachlos oder nackt oder krank oder im Gefängnis gesehen und Dir nicht geholfen? Darauf werde ich Dir antworten: Amen, ich sage Dir: Was Du für eine oder einen dieser Geringsten nicht getan hast, das hast auch Du mir nicht getan. Und Du wirst entweder weggehen und die ewige Strafe erhalten oder aber wie ein Gerechter das ewige Leben empfangen.

Dein Freund Jesus (vgl. Mt. 25, 31 - 46)

Mein Freund Jesus,

Deine Richtschnur für den Tag X ist in diesem Brief glasklar formuliert. Hier braucht es keinerlei Ergänzungen. Oder doch? Du hast mir durch den Heiligen Geist das Charisma gegeben, Deine Botschaft aus verschiedenen Blickrichtungen zu betrachten. Dankeschön! Denn sonst stehe ich in Bezug auf Deine einleuchtenden Forderungen vor einem unüberwindlichen Berg, den ich nicht bezwingen kann. Ich bin weder Franz von Assisi noch Mutter Teresa. Ich sehe mich nicht imstande, diesen Anforderungskriterien zu entsprechen. So zu handeln bedeutet für mich zuerst sich voll und ganz gefunden zu haben. Zu groß erscheinen mir die Gefahren, die Werke nicht allein aus dem innersten freien Willen sondern aus einem ängstlichen Gehorsam heraus zu erfüllen, um der drohenden Verdammnis zu entgehen. Und wenn es einer nach seiner Auffassung schafft, dann lauern Stolz und Hochmut. Nein Jesus, es kann nicht sein, dass ich mein Leben einzig und allein nach Deinen wortwörtlichen Aussagen ausrichte. Oder will ich es einfach nicht wahrhaben? Deine Worte haben nun einmal eine tiefere Bedeutung, die Du mich scheibchenweise entdecken und umsetzen lässt. Natürlich gab und gibt es Millionen von Menschen, die hungern, dürsten, in ein anderes Land flüchten, obdachlos sind, kaum Kleidung besitzen, unheilbar krank sind und im Gefängnis sitzen. Klar, dass da geholfen werden muss! Nicht wenige benötigen viel sondern allen gehört ein Anteil. Mit Geld allein funktioniert das aber nicht. Das ist wie ein Fass ohne Boden. Es bedarf der unbedingten Hilfe zur Selbsthilfe unter der Voraussetzung weit gehender stabiler demokratischer Strukturen. Doch ich allein kann da nichts bewegen. Nur wenn ich nach der Vogel Strauß Politik handle und den Kopf in den Sand stecke, bleibt alles wie es ist. Deshalb bin ich der Auffassung: Wenn ich die Werke der Barmherzigkeit in meinem privaten, gesellschaftlichen und beruflichen Umfeld umsetzen kann, bilden sich mit der notwendigen Geduld Synergieeffekte, die letztendlich zu einer Globalisierung der Liebe führen. In jedem Moment des Lebens habe ich die Gelegenheit dazu, nicht aus Mitleid sondern aus meinem Innersten heraus mit Wort und Tat zu handeln. Doch jetzt ist zunächst die Zeit, jetzt ist zunächst die Stunde, um die Vielschichtigkeit der Werke der Barmherzigkeit zu betrachten. Zuerst will ich sie auf mich, dann auf meine unmittelbare Umwelt und dann auf Dich beziehen. Los geht´s! Ich hungere nach innerer Ruhe und Ausgeglichenheit. Darum begebe ich mich in die Natur und laufe im Einklang mit meinem Atem und meiner augenblicklichen Kondition. Ich habe mich verausgabt, fühle mich ausgetrocknet und erfrische mich mit kaltem Wasser. Ich bin mir selbst fremd geworden, weil mich das subjektive Fehlverhalten eines Mitmenschen hat aggressiv werden lassen und ich beginne noch am gleichen Tag mit Übungen zur Leib - und Seelsorge, um ruhiger zu werden Ich habe mir durch meine Prophetie den Unmut meiner Mitmenschen zugezogen und ich lege mir noch ein dickeres Fell zu. Ich habe die Signale meiner Körperorgane nicht wahrgenommen und ich lasse mich vom Arzt untersuchen. Meine unverarbeiteten Kindheitserlebnisse haben mich in meinem Werden eingezwängt und ich nehme ohne Schuldzuweisungen mein Leben eigenverantwortlich in die Hand. Und wie will ich die Werke der Barmherzigkeit im Hinblick auf die Mitmenschen sehen, die mir von dir geschickt werden? Jemand hungert nach Aufmerksamkeit und ich wende mich ihm ganz zu. Jemand fühlt sich mit Recht ungerecht behandelt und ich solidarisiere mich mit ihm. Jemand verspürt, dass er sich selbst fremd geworden ist und ich öffne ihm die Tür zu seinem Herzen. Jemand wurde vor anderen bloß gestellt und schämt sich. Ich habe mich schützend vor ihn gestellt. Jemand wurde depressiv, hatte keine Kraft mehr aus seinem Bett aufzustehen und ich habe ihm professionelle Hilfe verschafft. Jemand kann nicht zeigen wie er wirklich ist und ich verhelfe ihm authentisch zu werden. Das hier aufgezählte ist kein Eigenlob sondern durchaus möglich, wenn ich Dir mein Vertrauen schenke. Denn ich hungere nach einem erfüllenden Dialog mit Dir und Du hast mich deine Nähe spüren lassen. In schwierigen Phasen meines Lebens droht meine Quelle zu versiegen und Du füllst sie immer wieder mit Impulsen. Ich hadere mit meinem Glauben und entferne mich von Dir. Du öffnest Dein Herz noch weiter als bisher. Ich fühle mich durch verkehrte Impulse von verängstigten Menschen von Dir beobachtet und Du lässt mich Deine Liebe spüren. Ich fühle mich gelähmt, liege wie auf einer Bahre und Du forderst mich unentwegt auf zu gehen. Ich entkomme den materiellen Zwängen nicht und Du schenkst mir den Schlüssel zu einem wahrhaftigen und würdevollen Leben in Freiheit. Ich danke Dir.

Dein Freund Jürgen

Fruchtbare Wüstenwanderung

Lieber Jürgen,

nach meiner Taufe am Jordan wurde ich vom Geist in die Wüste geführt. Dort sollte ich vom Teufel in Versuchung geführt werden. Als ich vierzig Tage und vierzig Nächte gefastet hatte, bekam ich Hunger. Da trat der Versucher an mich heran und sagte: Wenn du Gottes Sohn bist, so befiehl, dass aus diesen Steinen Brot wird. Ich aber antwortete: In der Schrift heißt es: Der Mensch lebt nicht nur von Brot, sondern von jedem Wort, das aus Gottes Mund kommt. Darauf nahm mich der Teufel mit sich in die Heilige Stadt, stellte mich oben auf den Tempel und sagte zu mir: Wenn du Gottes Sohn bist, so stürz dich hinab; denn es heißt in der Schrift: Seinen Engeln befiehlt er, dich auf ihren Händen zu tragen, damit dein Fuß nicht an einen Stein stößt. Ich antwortete ihm: In der Schrift heißt es auch: Du sollst den Herrn, deinen Gott, nicht auf die Probe stellen. Wieder nahm mich der Teufel mit sich und führte mich auf einen sehr hohen Berg; er zeigte mir alle Reiche der Welt mit ihrer Pracht und sagte zu mir: Das alles will ich dir geben, wenn du dich vor mir niederwirfst und mich anbetest. Da sagte ich zu ihm: Weg mit dir, Satan! Denn in der Schrift steht: *Vor dem* Herrn, deinem Gott, sollst du dich niederwerfen und ihm allein dienen. Darauf ließ der Teufel von mir ab, und es kamen Engel und dienten mir.

Dein Freund Jesus (vgl. Mt 4, 1 – 11)

Mein Freund Jesus,

Wüste – ganz bewußt hast Du Dir diese karge, unwirtliche Region ausgesucht. Du brauchtest die Stille, die Einsamkeit und die Enthaltsamkeit, weil Du frei werden wolltest von den äußeren Einflüssen. Nichts sollte Dich ablenken. Du wolltest Dich ganz auf Dein Ich konzentrieren. Du wolltest Dich ausschließlich mit Deinen positiven wie negativen Gedanken und Gefühlen sowie Deinen Visionen und Zielen befassen. Das verlief aber überhaupt nicht reibungslos. Schließlich saß Dir ja der Teufel buchstäblich vierzig Tage und Nächte im Nacken. Dabei hat er Dich mit allem möglichen geistigen Unrat bombardiert. Sein Ziel war: Er wollte Deine Mission verhindern. Natürlich hast Du Dich nicht von ihm unterkriegen lassen. Auf Dein zukünftiges Wirken hin betrachtet, war er salopp ausgedrückt, nur Mittel zum Zweck. Durch ihn und seine versuchte Einflussnahme wurdest Du für die unvermeidbaren Konflikte mit den Dich in Frage stellenden Hohepriestern, Schriftgelehrten, Pharisäern und dem römischen Statthalter Pontius Pilatus vorbereitet. Die Generalprobe hierfür hast Du, wie es nicht anders zu erwarten war, am Ende Deines fast siebenwöchigen Wüstentrips mit Bravour gemeistert. Deine schlagfertigen Argumente gegenüber seinen Versuchungen zeigen mir, wie intensiv Du Dich mit Deiner Gottessohnschaft und dem damit verbundenen Auftrag, die Frohe Botschaft zu verkünden, auseinandergesetzt hast. Frei von allen materiellen und psychischen Zwängen und vor seinen sämtlichen Manipulationsversuchen gefeit, brachtest Du ihm eine deftige Niederlage bei. Bravo! Du hast ihn auf den Boden der Tatsachen zurückgeholt. Er konnte und durfte sich nicht mit Dir auf eine Stufe stellen. Du scheutest Dich nicht davor, Dich immer wieder mit ihm auseinanderzusetzen. Als er richtig unverschämt versucht, Dich zu erniedrigen, um letztendliche Macht und Kontrolle über Dich zu gewinnen, schicktest Du ihn buchstäblich in die Wüste. Aus dieser Begebenheit ziehe ich für mich folgende Quintessenz: Um Mitmenschen erfolgreich aus der Wüste herauszuführen, muss ich mich selbst an diesem unwirtlichen Ort aufgehalten haben und den verschiedensten Widrigkeiten und Versuchungen ausgesetzt gewesen sein. Damit will ich mich aber nicht lebenslang befassen. Sie gilt es zu reflektieren und zu kanalisieren, um ganzheitlich gestärkt von den immer wieder stattfindenden Wüstenerfahrungen in den Alltag zurückkehren. Das dies gelingt, liegt ausschließlich an Dir. Du bist der Begleiter, auf den ich mich tausend prozentig verlassen kann, der mir die notwendigen Impulse gibt oder wenn das nicht funktioniert, konkret geeignete Maßnahmen ergreift, wenn ich mit meinem Latein am Ende bin. Du drängst Dich nicht besser wissend auf, Du motivierst mich entweder den bisherigen Weg fortzusetzen oder einen völlig neuen zu begehen. Dein Motto lautet: learning by doing. Dein Wüstenerlebnis sagt mir: Dir kann ich mich in meinen Wüstenzeiten anvertrauen, wenn ich Leere spüre, ausgepowert bin, mich emotional im Kreis drehe, psychisch zu verdursten drohe, große und kleine Hindernisse mich am Weitergehen hindern, physisch mehr einer Dampfwalze als einem Geparden gleiche, in Arbeit ersticke, mich selbst unter einen hohen Erwartungsdruck setze, der materiellen Gier absoluten Vorrang vor allem anderen gebe oder durch negatives Verhalten in Beruf und privatem Umfeld bei meinen Nächsten Wüstenerfahrungen auslöse. Es ist gut zu wissen, dass Du da bist. Und wenn ich kraftlos am Boden liege, weil ich mich verlaufen habe, ratlos bin, mich Angst befällt, dann liegst Du unter mir und hilfst mir wieder auf. Du sagst: Geh weiter! Gib nicht auf! Beiss dich durch! Die nächste Oase ist schon in Sichtweite. Wenn Du dort angekommen bist, lass die innere Ruhe in Dir ausbreiten, genieße die Rast und die Ruhe! Erzwinge nichts! Lass Dich von mir beschenken. Jesus, Du tust dies, ohne eine Gegenleistung dafür zu verlangen. Lass auch mich für andere da sein, ohne einen Anspruch zu erheben! Weiterhin bitte ich Dich: Gib, dass sie sich nicht irgendwelchen vermeintlichen Verführern anvertrauen, die vorgaukeln, den ultimativen Lösungsweg aus der Krise gefunden zu haben. Weil sich hinter deren scheinbarer Fürsorge manipulativer Machtgewinn und materialistische Gier verbirgt. Zudem denke ich an die sich selbst hochstilisierten Autoritäten, die mit ihren eigenen unverarbeiteten Ängsten individuelle Versuche aus der Wüste herauszufinden, blockieren. Ihre Unfähigkeit und Hilflosigkeit zeigen sie mit dem sich über andere stellenden Drohfinger oder mit einer ständigen

Reglementierungswut. Das ist ihre Betonmauer, die verhindert ihre Lebenseinstellung zu überdenken und eine andere Richtung in ihrem Glaubensleben einzuschlagen. Schade, dass die vermeintlichen Ärzte ihren eingefangenen Patienten verbale Beruhigungspillen, ohne Aussicht auf ganzheitliche Heilung, verabreichen. Die eigentlichen Ursachen der Schmerzen werden in der Weite des Unterbewußtseins endgelagert. Keimen sie unverhofft auf, werden sie ignoriert, anstatt sie zu durchdenken. Das Leben besteht für sie nur noch aus Phobien, Zwängen und einem schlechten Gewissen. Hier wird Wüstenerfahrung zeitlebens zu einem permanenten Ist-Zustand. Das aber liegt nicht an Dir. Das hast Du keinesfalls beabsichtigt. Du willst, dass jeder Mensch aus seinen Wüstenerfahrungen positive Schlüsse zieht. Deshalb sehe ich sie als ein Geschenk an, dessen enormer Wert erst nach der Rückkehr sichtbar wird. Freilich gebe ich zu, dass das im Moment des Erlebens nicht erfahrbar ist. Ich bin kein Masochist, wenn ich sage: Ich lasse mich von dir immer wieder gerne in die Wüste schicken, weil sie für mich zur Quelle wird. Ich kann abseits aller medialen Verlockungen mein Sein neu ordnen. Durch die Askese ändert sich die Gewichtung meiner Bedürfnisse. Ich erkenne, dass mein Vertrauen in Dich, was ich durch die permanente Selbstfindung mehr und mehr vertiefte, die Priorität in meinem irdischen Leben verändert hat. Du lernst mir aufs Neue das Leben zu genießen und intensiver zu lieben, mit Dir gehaltvoller, trotz der sich minimierenden Worte, zu reden, Dir immer tiefer zu vertrauen, visionär zu denken, neue Ziele zu definieren und mit alten Vorhaben zu vermengen. Kurzum: Eine Zeit der Entbehrung ist notwendig. Denn ständiger Genuss führt irgendwann zu einem Überdruss.

Dein Freund Jürgen

Ge(h) laufen

Lieber Jürgen,
Du willst wissen wo und wann Du mit mir in aller Ruhe sprechen kannst? Stehe in aller Frühe auf und gehe an einen einsamen Ort. Suche dort das Gespräch mit mir!
Dein Freund Jesus (Vgl. Mk 1,35)

Mein Freund Jesus,
Deinem Wunsch entspreche ich sehr gerne. Ich suche wie Du die Einsamkeit, um zu mir zu finden und Deine Gegenwart zu spüren. Früher bin ich nur gelaufen, nun gehe ich auch. In der Fachsprache heißt das „Nordic Walking und Nordic Running“. Was für ein wunderbares Geschenk von Dir für mich. Leider habe ich viel zu lange gebraucht, um es als solches anzusehen. Der Grund lag am schlechten Gewissen. Wie kann ich nur laufen gehen, während andere schon längst am Schreibtisch sitzen? Nun meine Arbeitszeiten sind ja völlig anders. Ich kann mich nicht dem Tagesablauf anderer anpassen. Ich bin ich und brauche meinen Rhythmus. Welch intensive Freude diese Deine Gabe in mir auslöst. So nehme ich sie das ganze Jahr über hinweg gerne an. Begleitet werde ich von meinem treuen Freund Max, einem Mischlingsrüden. Er ist seit 14 Jahren ein unerbittlicher Trainer, der weder schlechtes Wetter noch chronische Unlust kennt. Im Gegenteil! Es ist einer, der rennt und rennt. Sein Laufrevier wechselt täglich, was er mit der am Boden entlangfahrenden Nase sichtlich genießt. Und ich tauche ein in die Welt meiner Gedanken und Gefühle. Ich vermeide es, mich einem konditionellen oder geistigen Leistungsdruck auszusetzen. Ich fliehe nicht vor meinen Gedanken und Gefühlen. Ich verwerfe sie auch nicht. Ich lasse alles zu - von der nackten Realität bis hin zu utopischen Phantasien. Ich reflektiere vergangene

Ereignisse, empfange andere Sichtweisen, führe fiktive Gespräche, gebe mich meinen Träumen hin, bereite Religionsunterrichte vor, durchdenke mein pastorales Arbeiten, setze mir Ziele, lege Strategien fest, beschäftige mich mit Visionen, setze mich mit Deinen Briefen auseinander und schreibe Ideen auf einen mitgeführten Notizblock. Unter dem Laufen atme ich, wann immer es mir in den Sinn kommt, Deinen Rufnamen Jesus ein und Deinen Beinamen Christus wieder aus. Letzteres geschieht einerseits völlig absichtslos oder andererseits, weil ich Dir etwas Positives oder Negatives mitteilen will. Hin und wieder lässt Du mich das Gefühl der absoluten Leere erfahren, nicht in Form eines seelischen Tiefs sondern in der absoluten Fülle, wenn Körper, Geist und Seele eins werden. Für mich ergibt sich dann ein Gefühl der absoluten Geborgenheit für eine von Dir bestimmte Dauer. Wenn er sich unbegrenzt fortsetzen ließe, dann würde ich in dem Gefühl nie mehr in die Realität zurückkehren wollen. Doch jeder wahre spirituelle Weg führt von der Erfahrung zurück in den Alltag und zum Mitmenschen. Ich kann nur authentisch von meiner Begegnung mit Dir berichten, wenn ich es selbst erlebt habe. Und deswegen bin ich aus körperlich konditioneller Sicht auch heilfroh, wenn ich wieder zu Hause ankomme. Ich bin darauf bedacht, mich achtsam zu duschen und auszuruhen, denn das ist wie das bewusste Aufstehen am Morgen - ein tief religiöser Akt. Wie sehr mir das Laufen fehlt und wie wertvoll es für mich ist, stelle ich dann fest, wenn ich über mehrere Tage hinweg berufs- oder krankheitsbedingt nicht laufen gehen kann. Ich muss gerade schmunzeln, weil ich daran denke, dass Du mir wieder und wieder Geduld lehrst, die ich so notwendig für mein Werden brauche. Und ich muss mit fortschreitendem Alter einsehen, dass die bewussten Laufpausen ebenso wichtig sind. Wenn ich sie übersehe bzw. überhöre dann meldet sich mein Körper durch Hexenschuss oder Achillessehnenreizung. In dieser Zeit spüre ich aufkeimende Unruhe in mir. Ich frage mich, wo ist sie denn nun meine tiefe Spiritualität? Stattdessen dominiert mich mein Geist und hindert meine Seele daran, sich von Dir lieben zu lassen. Doch es braucht diese eigenen Erfahrungen, die sich später als positiver Verstärker für die Lebensgestaltung auswirken. Ich danke Dir für Deine motivierende Unterstützung.

Dein Freund Jürgen

Wie beten geht, wenn man geht

Lieber Jürgen,
ich spüre: Du willst Dich noch einmal mit einem Teil meines vorhergehenden Briefes auseinandersetzen. Also dann: Gehe auch mit anderen an einen einsamen Ort und bete!
Dein Freund Jesus (Vgl. Mk 1,35)

Mein Freund Jesus,
kürzer geht´s nimmer, oder? Spaß beiseite! Was Du mit diesem einen Satz für eine kreative Spiritualität in mir ausgelöst hast, die ich interessierten Menschen seit fast zwanzig Jahren immer wieder anbiete, das ist der Wahnsinn. Geh – Beten, es musste kaum einmal mangels Teilnehmer oder schlechtem Wetter abgesagt werden. In diesem Zeitraum hörte spätestens ab dem offiziellen Beginn der Veranstaltung der Regen auf. Und wie läuft das ab? Vom Treffpunkt aus geht die Gruppe die ersten zehn Minuten und kommuniziert miteinander über Dich und die Welt. Das gibt dem Organismus die Möglichkeit sich auf Bewegung umzustellen. Danach bilden die Teilnehmer einen Kreis, stellen sich schulterbreit hin und spüren durch die Schuhe hindurch den Kontakt zwischen Fußsohlen und Boden. Es folgt die Konzentration auf den Atem ohne ihn zu steuern. Danach werden Wörter wie Ruhe, Frieden und Liebe dem Rhythmus des Atmens angepasst und geatmet. Es geht darum trotz aller Blitzgedanken, die einem das Gehirn in Lichtgeschwindigkeit frei Haus liefert, nicht mehr abzuschweifen. Denn am Ende dieses ersten Teiles soll Dir allein die Konzentration gehören. Dein Vorname Jesus wird eingeatmet und Dein Beiname Christus ausgeatmet, oder umgekehrt. Ich verweise danach darauf, dass Du mitten unter uns bist und uns auf diesem Weg begleitest. Ich bitte nun die Teilnehmer auf dem

folgenden Teilabschnitt den Tag mitsamt seinen Begebenheiten Revue passieren zu lassen. Dabei soll deutlich werden: Ich schaue meinen Tag gemeinsam mit Dir an. Nach zehn Minuten besteht die Möglichkeit zum Austausch. Anschließend folgt für Novizen der schwierigste Teil, der bei den einen ein Wiederkommen garantiert und bei anderen ein Nimmerwiedersehen zur Folge hat: Gehen und atmen werden koordiniert. Ich stelle mich hin. Beide Beine befinden sich auf gleicher Höhe. Ich atme ein und aus und im Moment der Atempause gehe ich los. Jeder führt das mit seiner eigenen individuellen Schrittfolge durch. Wenn einen die Gedanken ablenken oder ich aus dem Rhythmus komme, bleibe ich stehen, sammle mich und gehe wieder los. Bei regelmäßiger Übung entsteht nach gewisser Zeit ein Gefühl der positiven Leere. Aus meiner eigenen Erfahrung ist das der Zustand, in dem ich keine Gedanken mehr geliefert bekomme. Schade, dass das nicht jedes Mal passiert. Bis hierher war es noch säkular. Beim nächsten Schritt wird´s offensichtlich religiös. Beim Gehen und Einatmen spreche ich in Gedanken Jesus und beim Ausatmen Christus oder umgekehrt. Mehr braucht es nicht. Denn alles geschieht wie Du es für mich vorgesehen hast. An einer geeigneten Stelle bilden die Teilnehmer einen Kreis und bekommen eine Bibelstelle ausgehändigt. Sie wird insgesamt drei Mal gelesen. Unter dem Bibeltext stehen Impulse, die ich den Teilnehmern nicht nur für die nächste Etappe sondern auch für die nächste Zeit empfehle. Wieder am Ausgangspunkt zurück, besteht die Möglichkeit sich auszutauschen. Es folgt ein gemeinsames Gebet, dann spreche ich den Segen und es wird ein neuer Termin vereinbart. Schön empfinde ich es noch, wenn die Teilnehmer sich noch einem Small Talk hingeben. Übrigens: Ein guter Schlaf ist garantiert.

Dein Freund Jürgen

Allein die Liebe zählt

Lieber Jürgen,
was musst Du tun, wenn Du das ewige Leben gewinnen willst? Du sollst den Herrn, deinen Gott, lieben mit ganzem Herzen und ganzer Seele, mit all deiner Kraft und all deinen Gedanken und: Du sollst deinen Nächsten lieben wie dich selbst. Handle danach und Du wirst leben!
Dein Freund Jesus (vgl. Lk 10, 25 – 28)

Mein Freund Jesus,
ich will danach handeln, weil ich wirklich leben will. Um das zu erreichen, brauche ich Deine Unterstützung. So lass mich Dir meine Gedanken und Gefühle unterbreiten. Die Liebe ist für mich der gemeinsame Nenner für alle Menschen, die guten Willens sind. Ich glaube, dass sie in jedem Menschen grundgelegt ist. Bereits im Mutterleib spürt ein Kind, ob es willkommen ist oder abgelehnt wird. Das setzt sich nach der Geburt fort und manifestiert sich in der Beziehung zu sich selbst, dem Nächsten und Dir. Deshalb muss es zu einem fundamentalen Pflichtakt für jeden Menschen werden, Liebe spürbar zu erfahren. Der Mensch hat nicht nur eine unantastbare Würde sondern auch das Recht sich lieben zu lassen. Liebe und Würde bedingen sich gegenseitig und stehen auf der gleichen Stufe. Weiterhin gilt es auch, sich selbst zu lieben. Das Wort selbst wird mir viel zu oft überlesen. Ich behaupte: Nur wer zu sich selbst bedingungslos ja sagen kann, ist in der Lage sie bedingnungslos an seine Mitmenschen weiterzugeben. Ein Liebesdienst an seine Mitmenschen enthält keine Vorleistung und erwartet auch keine Gegenleistung. Wer aus sich heraus liebt, dem wird automatisch gegeben. Was wäre das für eine Welt, wenn die Menschheit sich in allem Denken und Handeln zuerst danach ausrichtet. Diese Liebe hat ihren Ursprung in Dir. Du

bist für mich der, der selbstlos, ohne Dein Ich aufzugeben, bedingungslos, weil Du aus Dir heraus gibst und ausnahmslos, ohne Ansehen der Person, Liebe gibst. Ich kann sie erfahren, wenn ich Dir meine Seele öffne und Dir ohne Bedingungen vertraue. Du, mein Freund Jesus, trachtest doch nicht danach mir Böses zu tun. Es geht nun einmal nicht schmerzlos ab, wenn ich mein Leben nach Deinen Weisungen ausrichten will. Jesus, jeden Tag werde ich schrittweise ein wenig mehr danach handeln, ohne mich unter Druck zu setzen oder mich von meinem Gewissen beißen zu lassen. Das nenne ich Freiheit. Ich versuche es, und rechne Rückschläge mit ein. Denn ausgerechnet sie geben mir nach dem Lecken der Wunden, die Gelegenheit intensiv darüber nachzudenken, wie den Weg der Liebe fortsetzen will. Ich handle nicht danach, nur um den Hauptgewinn, das ewige Leben, einzuheimsen. Ich weiß um einen Teil meiner Fehler und Schwächen. Sie sind nie ganz auszuschalten, denn ich bin Mensch und keine Maschine. Die unbewussten Laster wirst Du mir nach und nach eröffnen. Ich bitte Dich, mein Freund Jesus, durchflute mich mit Deiner Liebe, damit ich mich so annehme, um sie an meine Mitmenschen ansteckend weiterzugeben. Lass mich durch die Kraft des Heiligen Geistes unablässig danach trachten das große Gebot der Liebe in mein tägliches Denken und Handeln mit einzubeziehen, ohne zwanghaft zu wirken. Ich will authentisch lieben.

Dein Freund Jürgen

Dir nachfolgen

Lieber Jürgen,

Vor kurzem sprach mich ein Mann an und sagte: Ich will Dir folgen, wohin Du auch gehst. Ich antwortete ihm: Die Füchse haben ihre Höhlen und die Vögel ihre Nester; ich, der Menschensohn aber habe keinen Ort, wo ich mein Haupt hinlegen kann. Zu einem anderen sagte ich: Folge mir nach! Er erwiderte: Erlaube mir zuerst fortzugehen, um meinen Vater zu begraben. Ich sagte zu ihm: Lass die Toten ihre Toten begraben; Du aber geh und verkünde das Reich Gottes! Wieder ein anderer sagte: Ich will Dir nachfolgen, Herr. Zuerst aber erlaube mir, mich von meiner Familie zu verabschieden. Ich erwiderte ihm: Keiner, der die Hand an den Pflug gelegt hat und nach hinten sieht, ist für das Reich Gottes tauglich.

Dein Freund Jesus (vgl. Lk 9, 57 – 62)

Mein Freund Jesus,

bei Dir gibt es kein Jein. Du forderst eine klare Entscheidung ohne Rücksicht auf Verluste. Eine Prise Berufung ohne Irdisches loszulassen, gibt es für Dich nicht. Es gilt nicht in Trauer zu verharren sondern nach vorne gerichtet den Auftrag zu erfüllen. Das Reich Gottes zu verkünden, erlaubt keinen Kompromiss. All mein Denken und Handeln hat sich danach auszurichten. Denn wenn ich nicht weiß, wo ich hin will, brauche ich mich nicht zu wundern, dass ich ganz woanders ankomme. Das bemerke ich an ganz alltäglichen Dingen. Im Beruf arbeite ich zielorientiert. Du hast mir dafür den Begriff der Nachhaltigkeit als Leitmotiv mit auf meinen Lebensweg gegeben. Mein Handeln richtet sich nicht nach dem Zeitgeist. Leider wird er in kirchlichen Kreisen als der Sündenbock schlechthin abgestempelt oder absolut überbewertet. Eine Ursachenforschung, warum und wieso sich die

Geschichte von Personen, Nationen und Religionen geradeso entwickelt hat. Du rätst mir davon ab, die Vergangenheit ins Zentrum meines Denkens und Handelns zu stellen. Die gute alte Zeit gab es nicht und wird es auch nie geben. Wer nur nach hinten schaut, sieht das Kommende nicht, ist nicht bereit sich auf Neues einzulassen und nimmt sich selbst die Chance zur Weiterentwicklung und verweigert sich dorthin zu kommen, nämlich in das Innerste seines Ichs, dort, wo Du, Jesus, schon von Beginn meines Lebens auf mich wartest. Beim Autofahren ist es wohl am einfachsten feststellbar. Wenn ich mich verfahren habe, dann ist das als Tatsache hinzunehmen. Nicht mehr nach hinten zu schauen, muss noch lange keine Kontaktsperre zur Folge haben. Es gilt aber die tradierten Muster zu verlassen, sonst kann nichts Neues entstehen. Im Hinblick auf Deine Nachfolge sich noch einmal mit dem Geschehenen zu konfrontieren, kann einen davon abhalten den entscheidenden Schritt zu gehen. Aufkommende Zweifel tragen enorm dazu bei. Denn statt Dir nachzufolgen, nach Hause zu gehen und den Vater zu begraben, löst innere Konflikte aus und verhindert womöglich das innerste Wollen. Gewissensfragen tauchen auf. Wer kümmert sich um die trauernden Familienangehörigen? Ist es nicht meine Pflicht? Gibt es Menschen in meinem Umfeld, die mir versuchen das einzureden? Ich glaube es geht nicht darum, ob ich nun an der Beerdigung des Vaters teilnehme oder nicht. Den Vater begraben kann heißen, sich von dessen Einfluss zu lösen, um das eigene Vorhaben unbedingt in die Tat umzusetzen. Das trifft auch auf die Familie zu. Das zu Hause verlassen heißt ja nicht, keinen Kontakt zur Ursprungsfamilie zu pflegen. Sondern sich für die Verkündigung, der Nächstenliebe, dem Dialog mit Dir auf das Hier und Jetzt zu konzentrieren. Es geht darum, dass ich dabei achtsam bin. Wenn ich mich ständig nach der Vergangenheit, nach der angeblich so guten alten Zeit zurücksehne, dann entwickle ich mich keinen Schritt vorwärts. Dann stehe ich nicht mitten im Leben. Es gibt kein Dasein in der Wunschform. Weil ich hundert Prozent geben will, muss vieles andere zurückstecken. Nur so ist es möglich meinen Mitmenschen positive Impulse zu geben, damit auch sie die Hand an den Pflug legen. Wenn ich den absoluten Willen zur Nachfolge habe, dann habe ich mich bereits innerlich verabschiedet, weil meine Ziele feststehen. Die Fronten sind geklärt. Beide Seiten wissen, wie sie dran sind, obwohl die Dimensionen des Ganzen erst im Laufe der Jahre erkennbar werden. Du, Jesus, bist in Bezug auf Deine Nachfolge zu Recht radikal und das im positiven Sinne. Wen Du dafür ausersehen hast, der muss sich das immer vor Augen halten. Denn es gibt kein höheres und gleichsam tieferes Endziel als an der Verwirklichung des Reiches Gottes mitzuwirken. So lass mich die Hand an den Pflug legen und auf Dich hin ausgerichtet meine Furchen ziehen, damit Du reichlich ernten kannst.

Dein Freund Jürgen

Das Reich Gottes eine Utopie?

Lieber Jürgen,

du willst von mir wissen, wann das Reich Gottes kommt? Es kommt nicht so, dass du es an äußeren Zeichen erkennen kannst. Man kann auch nicht sagen: Sieh, hier ist es!, oder: Dort ist es! Denn: Das Reich Gottes ist schon mitten unter euch und in euch. Deshalb muss es dir in all deinem Bestreben um das Reich des Vaters und um seine Gerechtigkeit gehen; dann wird dir alles andere dazugegeben.

Dein Freund Jesus (vgl Lk 17, 20 – 21 + Mt 6, 33)

Mein Freund Jesus,

Du hast das Leitziel deiner Frohen Botschaft ganz klar und eindeutig formuliert und unser Handeln vorgegeben. Mein Tun und Streben muss deshalb danach ausgerichtet sein. Hier ist für kurzfristiges Denken, Animation und Aktionismus kein Platz. Es geht Dir nicht um Quantität sondern um Qualität, inklusive einer sich entwicklungsbedingt stetig vertiefenden Nachhaltigkeit. Auf den ersten Blick scheint es leicht auffindbar zu sein. Schließlich befindet sich das Reich Gottes in uns und somit in jedem Menschen guten Willens. Nur warum ist es noch nicht auf dem Weg der Vollendung sondern verharrt noch am Ausgangspunkt? Ich glaube wir Menschen sind ohne Deine Hilfe nicht in der Lage dorthin aufzubrechen. Lieber treten wir auf der Stelle und beschäftigen uns mit zur Hauptsache gewordenen Nebensächlichkeiten wie dem Materialismus, der Ästhetik oder dem richtig gewählten Outfit. Eine wahre Aufbruchstimmung existiert in und außerhalb der Kirche nicht. Die Aufmerksamkeit konzentriert sich zu sehr auf Richtlinien und Normen, Macht, Dominanz und Kontrolle. Eine Orientierung zum Abmarsch sehe ich jedes Mal dann, wenn aus innerster Freiheit heraus, die aus der Vergegenwärtigung Deiner stetigen Gegenwart entsteht, nicht nur liebevoll und barmherzig sondern auch motivierend oder positiv für sich selbst und die Gemeinschaft absichtslos gehandelt wird. Danach will auch ich mein Leben ausrichten. Wenn es mir gelingt dies Schritt für Schritt umzusetzen, dann spüren es meine Mitmenschen, dann kann diese Freude weiter getragen werden. Wenn ich mein innerstes Wesen nach außen kehre, ohne großes Gedöns, und Zeugnis von Dir gebe, ist nichts unmöglich. Dass der Weg gewisse Schwierigkeitsgrade aufweist, liegt auf der Hand. Ich lasse mich jedoch nicht entmutigen sondern von Dir motivieren. Das resultiert aus Deinem Willen, den Du auf mich überträgst. Er ist in mir. Ich brauche ihn nur zu aktivieren und dabei der Trägheit keine Chance einer Intervention zu geben. Alles andere wird mir dazugegeben. Je mehr sich in dieser Weise darauf einlassen, um so realistischer wird es. Ein Mosaikstein fügt sich an den anderen. Im Jenseits existiert es schon in seiner Vollkommenheit. Auf Erden probiert die Menschheit verschiedene Staatsformen aus, die ohne Dein konkretes Zutun und dem absichtlichen Ignorieren Deines Seins, Dir sei es gedankt, zum Scheitern verurteilt sind: Monarchie, Diktatur, jegliche Formen von Mus wie Faschismus, Nationalsozialismus, Sozialismus mit der säkularen Heilsbotschaft des Kommunismus und leider auch die Demokratie. Wenn ich mich mit Letzterer in Bezug auf mein Heimatland auseinandersetze, dann stelle ich einen stetigen Zerfall fest. Die Politik steht in tiefer Abhängigkeit zur Wirtschaft. Vielleicht ist es umgekehrt genauso, nur stellt es sich nicht so da. Jdenfalls lassen sich Menschen dazu missbrauchen, das System moralisch zu verderben. Wo ist diese freiheitliche demokratische Grundordnung? War sie überhaupt jemals da oder steht sie halt so auf dem Papier. Jeder tut, was er will und nennt das Freiheit. Die gibt's jedoch nicht ohne Verantwortung. Leider mutieren Gesetze in meiner Beobachtung zu Gummiparagraphen. Ein mir oft begegnender Ausspruch unterstreicht das: Wenn die Großkopferten das können, kann ich das auch. Deutschland peinlich Katerland, sink im

Schlamme dieses Sumpfes, sinke peinlich Katerland! In meinen getroffenen Aussagen berufe ich mich auf die Aussagen der Medienwelt. Ich hoffe, sie entsprechen der Wahrheit. Denn ich trage die Sorge in mir, dass die vielzitierte Pressefreiheit Gefahr läuft dem Quotenjournalismus geopfert zu werden. Wenn Berichte und Reportagen nur auf Gewinnmaximierung basieren, dann will ich auf jeden geschriebenen Buchstaben und jede geäußerte Silbe verzichten, ohne weltfremd zu werden. Mein Wunsch ist die wachsende Verantwortung füreinander ohne die Absicht der Vorteilnahme. Von Dir kann ich sie empfangen. Du gibst vorbehaltlos. Wenn ich in der Lage bin über meinen eigenen Schatten zu springen, kann ich ebenfalls vorbehaltlos geben. Handeln meine Mitmenschen ebenso, dann laufen wir alle gemeinsam auf ein Ziel hin: Das von Dir offenbarte Reich des Vaters. Täglich bitte ich im Vaterunser ganz bewusst darum.

Dein Freund Jürgen

Glaube – wo bist du?

Lieber Jürgen,

erinnerst Du Dich noch an unsere Überfahrt von der Insel Santorin zur Insel Paros? Deine Frau, Du und ich stiegen ein. Wir mussten mit einem Platz auf dem Deck Vorlieb nehmen. Die Fahrt begleitete ein heftiger Sturm. Trotzdem schlief ich ein. Wellen schlugen in das Boot. Du wecktest mich und sagtest aufgeregt: „Jesus, wach auf! Nicht, dass wir noch untergehen." Ich erhob mich, drohte dem Wind und den Wellen. Sie legten sich, und es trat Stille ein. Dann sagte ich zu Dir: „Jürgen, wo ist Dein Glaube?" Du stauntest und fragtest: „Jesus, was bist Du für ein Mensch, dass sogar die Winde und das Wasser Deinem Befehl gehorchen?" Ich gab Dir keine Antwort sondern blickte schmunzelnd auf die ruhige Ägäis hinaus.

Dein Freund Jesus (vgl. Lk 8, 22 – 25)

Mein Freund Jesus,

die legendäre Fahrt mit dem „Ios-Express", sie bleibt mir unvergessen. Besagter Ausflugsdampfer eignete sich mehr für einen Schwimmteich als für das Mittelmeer. Schon das Einsteigen gestaltete sich schwierig. Es gelang nur in dem Augenblick als das Schiff, von der Welle angehoben, die Höhe des Zustieges erreichte. Wurde der Moment verpasst, musste bis zur nächsten Woge gewartet werden. Während der Reise schlugen Wellen in das Boot. In meiner Phantasie sah ich mich schon gemeinsam mit Alexandra als Schiffbrüchige in der Ägäis treiben. Dass Du Jesus auch dabei warst, registrierte ich die erste Zeit nicht. Ich war nur auf meine Frau und mich konzentriert. Warum auch? Du schliefst neben mir sitzend, den Kopf leicht zur Seite geneigt, den Schlaf des Gerechten. Unglaublich! Leider musste ich Dich aus Deinem Traum herausreißen, ich hatte Angst um meine Frau und mich.

Der Ausgang dieses Ereignisses ist ja hinlänglich bekannt. Ich aber will mich mit der Frage auseinandersetzen, die Du mir damals gestellt hast: „Jürgen, wo ist Dein Glaube?“ Sie kann auch lauten: „Jürgen, warum vertraust Du mir nicht?“ Solche Fragen tauchen in mir auf, wenn ich mich in scheinbar ausweglosen Situationen befunden habe und über sie im Nachhinein reflektiere. Wann beginne ich dann Deine Nähe intensiv wahrzunehmen? Wenn ich das schaffe und das kann Tage dauern, dann legen sich Wind und Wellen in mir. Und es kehrt Stille in mir ein. Ich finde wieder zu mir. Ich bewege mich wieder in ruhigem Fahrwasser, bis … ja bis erneut Ereignisse eintreten, die einen gewaltigen Sturm in mir entfachen. Wieder schlagen die Wellen in das Schiff. Ich kämpfe mit allen mir zur Verfügung stehenden Mitteln dagegen an. Doch irgendwann bin ich erschöpft und kann nicht mehr. Deshalb braucht es eine andere Strategie. Nicht in den Emotionen sondern in der Ruhe liegt die Kraft. Das ist leichter gesagt als getan. Trotzdem glaube ich wiederholen sich die Stürme nicht um meinen Glauben an Dich zu testen. Du bist kein Prüfer. Nein! Du willst, dass ich lerne, aus meinem tiefsten Inneren heraus, souverän, jedoch ohne einen Funken Arroganz zu reagieren. So wie der mir gegenübersitzende ältere Herr auf dem Ios – Express, ein Amerikaner, der wie ich aus einem Gespräch mit Landsleuten entnehmen konnte, früher bei der US - Navy war. Ich erinnere mich noch recht gut an ihn. Während ich fast drei Stunden mit angespannten Bauchmuskeln gegen ein ständig drohendes Übergeben ankämpfte, saß er scheinbar seelenruhig da und sang. Er wirkte furchtlos auf mich. Was der wohl für Stürme auf den Weltmeeren erlebt hat? Klar, dass eine übelgelaunte Ägäis ihm nichts anhaben konnte. Oder wollte er nach außen hin einfach cool wirken und in seinem Inneren sah es aus wie in mir? Ich weiß, ich spekuliere gerade. Wer lässt sich denn in solchen Momenten gerne in sein Seelenleben blicken? Und genau das ist der „Casus knactus“. Sich nur nichts anmerken lassen, bloß nicht darüber reden, keine Schwäche zeigen. Was sollen sich denn die anderen von mir denken. Ich werde mich nicht zuerst outen. Was für eine komische Gesellschaft wir doch eigentlich sind! Ich glaube, dass Du über unsere Art der Außenpräsentation einfach nur amüsiert bist und gleichsam enttäuscht. Bloß kein Gefühlsleben zeigen! Ich glaube, dass viele nicht in der Lage sind überhaupt ihre Gefühle zu artikulieren. So kann sich eine Gesellschaft nicht positiv entwickeln. Gerade meine Fehler und Schwächen zeigen doch erst, dass ich ein Mensch bin und keine Maschine. Oberflächlich betrachtet ermöglicht der rasante technische Fortschritt durch Smartphones und Computer eine 24stündige Erreichbarkeit und somit eine zeitlich unbegrenzte und weltweite Kommunikation. Doch wann findet eine wahre Begegnung von Mensch zu Mensch statt? Dergleichen gilt für die Beziehung mit Dir. Erst in mitten einer individuellen Notsituation wende ich mich an Dich. Ich hoffe darauf, dass Du sofort reagierst und das mich Belastende samt seiner Nebenwirkungen umgehend ein Ende findet. Ist das möglich? Aus meiner eigenen Erfahrung muss ich das verneinen. Denn so wie der Sturm seine Entstehungsphasen hat, so dauert es eine Zeit bis er abgeflaut ist und sich die Wogen geglättet haben. Diese These kann ich auch auf verschiedene Lebenssituationen übertragen. Ich bedarf in meinem Leben derartige Phasen, um mich mit der Frage nach dem Letztendlichen auseinanderzusetzen. Du, Jesus Christus, sitzt daneben, ohne das ich das zunächst bemerke. Wenn ich mich an Dich wende, hast Du bereits die Lösung auf den Weg gebracht. Danke!

Dein Freund Jürgen

1 € Job

Lieber Jürgen,

heute verließ ich gegen sechs Uhr mein Haus und begab mich zur Agentur für Arbeit. Vor der Eingangstür begann ich Arbeiter für meinen Weinberg zu werben. Ich einigte mich mit den Arbeitern auf einen Euro für den Tag und schickte sie in meinen Weinberg. Gegen neun Uhr ging ich wieder an den gleichen Ort. Wieder traf ich welche, die bei mir arbeiten wollten. Ich sagte zu ihnen: Geht auch ihr in meinen Weinberg! Ich werde euch geben, was recht ist. Und sie gingen. Um zwölf und um fünfzehn Uhr ging ich wieder dorthin und machte es ebenso. Als ich um siebzehn Uhr noch einmal hinging, traf ich auf einige, die immer noch dort herunstanden. Ich sagte ihnen: Was steht ihr hier den ganzen Tag untätig herum? Sie antworteten: Wir sind Langzeitarbeitslose. Schwer vermittelbar. Da sagte ich zu ihnen: Geht auch ihr in meinen Weinberg! Als es achtzehn Uhr geworden war, sagte ich zu meinem Verwalter: Ruf die Arbeiter, und zahl ihnen den Lohn aus, angefangen bei den letzten, bis hin zu den ersten. Da kamen die Männer, die ich um siebzehn Uhr angeworben hatte, und jeder erhielt einen Euro. Als dann die ersten an der Reihe waren, glaubten sie, mehr zu bekommen. Aber auch sie erhielten nur einen Euro. Da begannen sie, über mich zu murren, und sagten: Diese letzten haben nur eine Stunde gearbeitet, und du hast sie uns gleichgestellt wir aber haben den ganzen Tag über die Last der Arbeit und die Hitze ertragen. Da erwiderte ich einem von ihnen: Mein Freund, dir geschieht kein Unrecht. Hast Du nicht einen Euro mit mir vereinbart? Nimm dein Geld und geh! Ich will dem Letzten ebensoviel geben wie dir. Darf ich mit dem, was mir gehört, nicht tun, was ich will? Oder bist du neidisch, weil ich zu anderen gütig bin? So werden die Letzten die Ersten sein und die Ersten die Letzten.

Dein Freund Jesus (vgl. Mt 20, 1 – 16)

Mein Freund Jesus,

gleicher Lohn für alle, von der Hausfrau bis zum Präsidenten, vom Förderschüler bis zum Professor, vom Amateur bis zum Spitzensportler – ist das realisierbar? Über ein bedingungsloses Grundeinkommen wird ja immer wieder diskutiert. Bei den Schülern, mit denen ich die Bibelstelle nachgespielt habe, wird es für absolut ungerecht empfunden und zwar sowohl in den Grund- als auch in den Mittelschulklassen. Einer, der mehr arbeitet oder einer qualifizierteren Tätigkeit nachgeht, der muss auch mehr verdienen, so der durchgehende Tenor. Anfangs war ich sehr überrascht, wenn mir diese Antworten gegeben wurden. Im Laufe der Zeit wurde mir deutlich, dass, wer in einer Leistungsgesellschaft aufwächst, grundsätzlich nur ein solches Gerechtigkeitsempfinden haben kann. Zu meinem größten Leidwesen aber ist diese Denkweise in der Glaubenswelt vieler verankert. Denn wenn ich schließlich jeden Sonntag in die Kirche gehe, dann darf ich doch für die Ewigkeit mehr erhoffen als einer, der sich Dir erst auf dem Sterbebett, im Angesicht des nahenden Todes, zu Dir hinwendet. Was für eine naive Vorstellung von Deiner Gerechtigkeit doch so kursiert! Wenn das Ewige Leben der Hauptgewinn ist, bekommt der Letzte nur einen Promilleanteil, den er dann im Fegefeuer in Empfang nehmen kann. Doch Du bist, es sei Dir gedankt, völlig anders als es sich die liebe Christenheit so vorstellt. Du zahlst Brutto wie Netto das Ewige Leben aus. Schön, dass Du es nicht als eine Art Betriebsgeheimnis einstufst. In dieser Hinsicht bist Du berechenbar. Unberechenbar ist die Arbeit im Weinberg. Sie geht halt manchmal an die Substanz. Also muss ich motiviert sein und wissen wo meine Stärken sind. Die kann ich jedoch erst zielgerichtet einsetzen, wenn ich mich gemeinsam mit Dir, mein Freund, auf den Weg zu mir begebe. Du gehst mit. Da gibt es kein wenn und kein aber. Du bist den ganzen Tag unterwegs, um Menschen für Deine Arbeit anzuwerben.Das will ich auch tun. Unabhängig von ihrem Alter werde ich Menschen ansprechen, und ihnen sagen, welchen Lohn sie nach dem vorübergehenden Ende ihres Lebens von Dir erwarten können. Ich freue mich, wenn ich Menschen dafür erreichen kann.

Dein Freund Jürgen

Geld oder Glaube

Lieber Jürgen,

Du kannst nicht zwei Herren dienen; Du wirst entweder den einen hassen und den anderen lieben, oder Du wirst zu dem einen halten und den anderen verachten. Du kannst nicht mir und dem Mammon dienen.

Dein Freund Jesus (Vgl. Mt 6,24)

Mein Freund Jesus,

Du kennst keine Kompromisse, für Dich gibt es kein Jein, wenn es um Deine Nachfolge geht. Es gibt nur ein für Dich sein oder ein gegen Dich sein. Täglich bin ich aufgefordert, mich zu entscheiden. Ich finde mich in Situationen wieder, in denen mich das Thema Geld ganz und gar in Beschlag nimmt. Beispiele gibt´s davon genug. Wenn ein Umzug ansteht, ein Kredit notwendig ist, nicht einkalkulierte Reperaturen anfallen, Haushaltsgeräte angeschafft werden müssen oder ein Auto gekauft werden muss. Andere trifft es noch härter, wenn der bisher sicher geglaubte Arbeitsplatz verloren geht, das neugebaute Haus versteigert werden muss, wenn letztlich der soziale Abstieg droht. Haben diese Menschen nicht das Recht von einem schöneren Leben zu träumen? In der Situation, in der meine Gedanken vom Geld beherrscht sind, stelle ich fest, wie weit weg ich eigentlich von Dir bin. Der Fokus richtet sich leider nur auf die zu lösende Problematik der Vergänglichkeit. So kann ich nur sagen: Jesus Du hast Recht. Warum wende ich mich Dir nicht zuallererst zu? Wenn ich das in die Tat umsetze, dann geschieht eine andere Gewichtung. Ich lege Dir mein Problem dar und Du gibst mir durch die Gaben des Heiligen Geistes die Impulse, die mich Lösungen finden lassen. Dabei handle ich nach dem Prinzip: Je größer die Sorgen, um so tiefer geht´s in den Wald. Dort in der Stille, dort entscheide ich. Selbstverständlich bin ich mir der durch das Geld entstehenden Abhängigkeiten bewusst. Doch ich sehe absolut nicht ein, diesem vergänglichen Zahlungsmittel meine ganze Aufmerksamkeit zu schenken. Ich will mich mit Dir und Deiner Botschaft befassen. Und hierbei wird mir eines klar: Deine selbstlose Liebe schenkt mir innerste Freiheit, verschafft meinem Leben eine tiefere Dimension und schützt mich vor spekulativen Geldanlagen. Danke!

Dein Freund Jürgen

Sich mit Dir versöhnen

Lieber Jürgen,

ich kam nach Jericho und ging durch die Stadt. Dort wohnte ein Mann namens Zachäus; er war der oberste Zollpächter und daher sehr reich. Er wollte gerne sehen, wer ich sei doch die Menschenmenge versperrte ihm die Sicht; denn er war klein. Darum lief er voraus und stieg auf einen Maulbeerfeigenbaum um mich zu sehen, da ich dort seiner Meinung nach vorbeikommen musste. Als ich an die Stelle kam, schaute ich bewusst hinauf und sagte zu ihm: Zachäus, komm schnell herunter! Denn ich muss heute in deinem Haus zu Gast sein. Da stieg er schnell herunter und nahm mich freudig bei sich auf. Als die Leute das sahen, empörten sie sich und sagten: Er ist bei einem Sünder eingekehrt. Zachäus aber wandte sich an mich und sagte: Herr, die Hälfte meines Besitzes will ich den Armen geben, und wenn ich von jemand etwas erpresst habe, gebe ich ihm das Vierfache zurück. Da sagte ich zu ihm: Heute ist diesem Haus das Heil geschenkt worden, weil auch er ein Sohn Abrahams ist. Denn ich bin gekommen, um zu suchen und das Verlorene zu retten.

Dein Freund Jesus (vgl. Lk 19, 1- 10)

Mein Freund Jesus,

ich danke Dir, denn Du hast mir heute ähnlich dem Zachäus das Heil geschenkt. Nur versperrte mir nicht eine Menschenmenge die Sicht auf Dich, sondern mein Verstand türmte angeblich gewichtige Argumente, die gegen den Empfang dieses Sakramentes sprechen, zu einer schier unüberwindbaren Mauer auf. Ich setze mich doch schon genug mit meinen Fehlern auseinander. Ich kriege das auf alle Fälle selbst in den Griff. Nach ein paar Wochen befinde ich mich doch wieder im gleichen Fahrwasser. Wie Du miterlebt hast, habe ich mir selbst Stein für Stein vor die Nase gesetzt. Die Mauer wuchs und wuchs, bis ich irgendwann nicht mehr darüber schauen konnte. Doch irgendwann beschloss ich nicht nur hinaufzuklettern. Ich wollte die Mauer überwinden. Oben auf dem Vorsprung angekommen, blickte ich fortwährend auf die andere Seite hinab. Du musst wohl mein inneres Ansinnen erkannt haben. Schon von weitem sah ich ihn in deinem Namen kommen. Dabei konnte ich ihn ausreichend beobachten, wie er mit den Menschen sprach, die ihm unterwegs begegneten. Seine freundliche Art, seine geistlichen Impulse und sein spürbares Vertrauen in Dich ließen mich den Entschluss fassen – er und kein anderer. Als er mir immer näher kam, stieg ich nicht von der Mauer hinab, nein, ich sprang, landete direkt vor ihm und lud ihn ohne Vorgeplänkel ein, Gast in meinem Seelenhaus zu sein. Einfühlsam, ohne aufdringlich zu wirken, begleitete er mich von Zimmer zu Zimmer und gab mir nachdenkenswerte Impulse mit auf den Weg. Nach dem sehr intensiven Rundgang standen wir vor der Haustür. Ehe er sich von mir verabschiedete, legte er mir die Hände auf und segnete mich. Ein Gefühl der inneren Ruhe breitete sich in mir aus. Schön wieder neu anfangen zu können. So verspreche ich Dir im Sinne des Zachäus: Ich will niemanden erpressen, nötigen oder manipulieren, sich Dir zu öffnen. Ich will Ihnen unaufdringlich von meinen positiven Erfahrungen berichten. Danke Jesus, dass Du mir während meiner Exerzitien, hier in St. Ottilien, die Gelegenheit gegeben hast, mein unter das Bewusstsein Gekehrte hervorzuholen, es zu sortieren, in den entsprechenden Müllbehältern zu entsorgen und zu recyceln. Ab heute will ich bewusster mir, meinen Mitmenschen, meiner Umwelt und Dir gegenüber leben.

Dein Freund Jürgen

Mit dem Balken im Auge

Lieber Jürgen,

weil ich dich manchmal ungerecht sprechend oder handelnd erlebe, bitte ich dich: richte nicht, damit du nicht gerichtet wirst! Denn wie du richtest, so wirst du gerichtet werden, und nach dem Maß, mit dem du misst und zuteilst, wird dir zugeteilt werden. Warum siehst du den Splitter im Auge deines Bruders, aber den Balken in deinem Auge bemerkst du nicht? Wie kannst du zu deinem Bruder sagen: Lass mich den Splitter aus deinem Auge herausziehen! – und dabei steckt in deinem Auge ein Balken? Du Heuchler! Zieh zuerst den Balken aus deinem Auge, dann kannst du versuchen, den Splitter aus dem Auge deines Bruders herauszuziehen.

Dein Freund Jesus (vgl. Mt 7, 1 - 5)

Mein Freund Jesus,

an diesen Worten habe ich ganz schön zu knabbern. Und Heuchler hat mich mit Ausnahme von Dir noch niemand direkt genannt, aber bestimmt gedacht, so wie ich es gegenüber dem einen oder anderen Mitmenschen tue. Und es gibt Momente in meinem Leben, in denen ich mich selbst so bezeichne. Was verstehe ich unter dem Wort heucheln? Heucheln heißt für mich, sich besser darstellen, als ich tatsächlich bin, um mich hervorzuheben und beachtet zu werden. Heuchelei grenzt fast schon an einen Automatismus, an etwas angeborenes, dass erst bei einer tiefgehenden Selbstbetrachtung offenbar wird. Von Kindheit an bin ich damit konfrontiert. Im Laufe des Lebens begegnen mir Menschen, die mir etwas vorgaukeln, sich über andere stellen, sich aufplustern und letztendlich lenken sie von sich selbst ab. Bei noch genauerem Hinsehen und absolut ehrlicher Betrachtungsweise sind sie nichts anderes als Spiegelbilder von mir. In ihrem Verhalten erkenne ich mich wieder. Jesus, es ist verdammt schwer aus diesem Teufelskreis herauszukommen. Deswegen beschäftigt mich dieses Thema immer wieder. In meinem ersten Buch „Impressionen in Wort und Bild“ habe ich mich damit auseinandergesetzt. Als Impulse dienten mir das Denunzieren der Boulevardpresse und das Schlüpfen in die Rollen von Richter und Henker, das bei weitem einfacher ist, als vor der eigenen Haustür zu kehren. Das Gedicht trägt den Namen „das Urteil“: „Sieh in den Spiegel, betrachte dein Gesicht, gehe in Gedanken mit deiner Seele ins Gericht! Kannst du dich selbst noch sehen, dich selbst noch ertragen? Versuche dein Ego bis ins Innerste zu erfragen. Erst dann, wenn du selbst mit dir ins Reine gekommen bist, kannst du damit beginnen dich zu besinnen, wer auf dieser Welt nun der Gute oder der Böse ist“. Der Hammer ist ja, dass im Laufe der Geschichte, Menschen als böse abgestempelt und sogar hingerichtet werden und Jahrhunderte später rehabilitiert werden. Darf angesichts unbestreitbarer Fehlurteile und Deiner schier unerfüllbaren Worte ein Christ überhaupt ein Urteil fällen? Und wenn es dem Einzelnen nicht erlaubt ist, hat dann eine Gemeinschaft die Befugnis dazu? Fragen, auf die ich keine Antwort weiß und mich dazu führen, Deinen Brief unter einem anderen Aspekt zu lesen. So wie ich Dich kenne, kann hier Dein Ziel nur sein, ein positives Umdenken im Laufe meiner eigenen persönlichen Entwicklung zu erzielen. Das bedeutet für mich, den Text ohne negative Emotionen wie Unverständnis, Bevormundung oder Jähzorn zu lesen. Dabei soll mir Deine Drohung, ebenso von Dir gerichtet und gemessen zu werden, wie ich es gegenüber meinen Mitmenschen vollziehe, nicht zur Motivation werden. Denn auch das ist eine Heuchelei. Der Beweggrund muss aus der Tiefe meiner Seele kommen, dort wo Deine Liebe seit dem Moment meiner Zeugung durch Dich grundgelegt ist. Daraus schließe ich, dass dies ebenso bei meinen Mitmenschen der Fall ist. Nur lässt sich das viel leichter denken, als in die Tat umzusetzen. Hierfür braucht es einen gleichsam geistigen wie seelischen Wandel, der jedoch nicht von jetzt auf gleich herbeizuführen ist. Es gilt den imaginären und gleichsam existierenden Balken, den ich aus meinem eigenen Auge herausziehen soll, zuerst zu entdecken, dann mit Dir anzuschauen und schließlich, so langwierig das auch ist, Holzfaser für Holzfaser zu entfernen. Leider verspüre ich nicht immer die Lust oder die Kraft dazu, daran zu arbeiten. Lieber will ich doch den Splitter aus den Augen der anderen entfernen. Es klingt nach einer nicht enden wollenden Sisyphusarbeit und das ist sie auch. Die Vollendung findet erst statt, wenn ich Dir von Angesicht zu Angesicht gegenüberstehe. Ich deute übrigens den Balken im Auge als den Querbalken, den du zu Deiner Kreuzigung nach Golgotha getragen hast. Die in Deine Hände geschlagenen Nägel symbolisieren die Verwundungen, die ich mir selbst und meinen Mitmenschen zufüge. Du hast sie mit ans Kreuz genommen. Ich bekomme dadurch immer wieder die Chance, auf positive Weise meinen Mitmenschen gegenüberzutreten. Jesus, gib mir die Kraft, sie auch zu nutzen und nichts unversucht zu lassen. Es kann also nicht sein, die vermeidlich Fehlenden mit meiner Kritik zu verletzen oder sie sogar psychisch und physisch zu vernichten. Lass mich ihnen helfen, ihre positiven Fähigkeiten zu entdecken und diese immer mehr in den Alltag einzubauen, damit sie an einem sinnerfüllten Leben teilhaben und beginnen, ihre Lebenswelt zu verändern. Gerade eben stellt sich mir die Frage, wie das mit Menschen funktionieren soll, die aus meiner Sicht nicht für eine Bewusstseinsänderung zugänglich sind? Dann gehe ich in mich und erkenne, das Worte oder Gesten anderer in mir Gedanken und Gefühle auslösen, die mein Gegenüber nicht abschätzen kann und ich selbst verantwortlich bin, das für mich Positive umzusetzen. Das gelingt jedoch deswegen manchmal nicht, weil ich mich nicht von den Fesseln der Gewohnheit lösen kann. Aus dieser Erkenntnis heraus anempfehle ich Dir meine Mitmenschen und mich in dem immer wieder wiederholbaren Gebetssatz: Jesus Christus, Sohn Gottes, erbarme Dich meiner bzw. seiner oder ihrer. Eine andere Form, die ich spreche, lautet: Jesus in Deine Hände empfehle ich meinen bzw. ihren oder seinen Geist. Darum bitte ich Dich von ganzem Herzen.

Dein Freund Jürgen

Tobsuchtsanfall oder heiliger Zorn?

Lieber Jürgen,

das Paschafest der Juden war nahe und ich zog nach Jerusalem hinauf. Im Tempel fand ich die Verkäufer von Rindern, Schafen und Tauben und die Geldwechsler, die dort saßen. Ich machte eine Peitsche aus Stricken und warf sie alle aus dem Heiligtum hinaus, dazu die Schafe und Rinder; das Geld der Wechsler schüttete ich aus, und ihre Tische stieß ich um. Zu den Taubenhändlern sagte ich: Schafft das hier weg, macht nicht das Haus meines Vaters zu einem Kaufhaus! Meine Jünger erinnerten sich, dass geschrieben steht: Der Eifer für mein Haus wird mich auffressen.

Dein Freund Jesus (vgl. Joh 2, 13 – 17)

Mein Freund Jesus,

Dein Vulkanausbruch macht Dich menschlicher, lässt Dich mir näher erscheinen. Denn sonst wird mir Dein irdisches Wirken zu phantasievoll und infantil geschildert. Und Du bist aus menschlicher Sicht betrachtet auch ein Mannsbild, dass mal auf den Tisch haut und sagt: Bis hierher und nicht weite!. Jesus, ich stelle mir gerade folgende Situation vor: Ich gehe an den Schriftenstand einer Kirche und sortiere all die ungefragt hinterlegten Schauermärchen oder die zur Panikverbreitung gedruckten Endzeitvisionen aus und führe sie ordnungsgemäß und umweltbewußt, wie ich nun einmal bin, dem Altpapier zu in der Hoffnung, dass daraus wenigstens umweltfreundliches Toilettenpapier wird. Oder die fliegenden Händler, die unter Vorspielung falscher Tatsachen ahnungslosen Kirchenbesuchern bei Erstkommunion oder Firmung vor dem Kirchenportal überteuerte Papststicker andrehen, die angeblich als Eintrittskarte gekauft werden müssen, die möchte ich gerne mit einem ordentlichen Tritt in den Hintern vertreiben. Oder krankhaften Menschen aufzulauern, um sie daran zu hindern , Altartuch und

Marienstatue mit einem roten Kussmund zu verschmutzen. Oder Alkoholkranken ihre in der Seitenkapelle geleerten und unter den Sitzpolstern versteckten Schnapsflaschen zur Selbstentsorgung wieder mitzugeben. Oder die, die ins Weihwasserbecken urinieren zu einer militärischen Reinigungsaktion verdonnern. Oder Privatprediger, die in der leeren Kirche einem imaginären Publikum ihre Glaubensweisheiten unterbreiten, heimlich mit der Kamera zu filmen und an einen privaten Fernsehsender zu veräußern. Da ließe sich doch etwas draus machen. Entschuldige Jesus, wenn ich diesen krankhaften Tatsachen mit Ironie begegne. Klar braucht es in vielen dieser aufgezählten Fälle eine andere nachhaltige Reaktion. Nur weiß ich die heute noch nicht. Ehe ich auf einen anderen Aspekt der Tempelreinigung eingehe, muss ich folgenden Gedanken noch schnell einbringen, sonst vergesse ich ihn. Ich denke gerade an Kirche, die aus finanziellen Gründen veräußert werden müssen und in Gaststätten, Wohnräume oder Supermärkte umgebaut werden. Bedenke Mensch, dass im Leben alles vergänglich ist! Deswegen richte ich meine weitere Betrachtung auch nicht auf ein vergängliches Gebäude aus. Sondern ich setze die Tempelreinigung mit meiner Seele in Bezug. In der Traumdeutung heißt es: Wenn ich von einem Haus und seinen Räumen träume, dann träume ich von meinem Seelenleben. Da will ich Dich bewusst wirken lassen, denn sie ist wahrhaft Dein Haus. Und was findest Du, Jesus, vor? Scheinbar bigotte Nepper, Schlepper und Bauernfänger als Seelenverkäufer getarnt, die einem stetige materielle oder psychische Opferbereitschaft facettenreich suggerieren und meiner habhaft werden wollen, anstatt mich zu Dir zu lassen, damit ich Deine Gegenwart spüren kann. Weil ich weiß, dass Dich der Eifer für jedes Seelenhaus auffrisst, bitte ich Dich, nimm die Peitsche und treib diese krankhaften Erreger aus den Häusern hinaus, damit Du mit Deiner Liebe in immer mehr Räume einziehen kannst.

Dein Freund Jürgen

Die liebe Verwandtschaft

Lieber Jürgen,

wie so oft war ich in einem Haus zu Gast und wieder kamen so viele Menschen zusammen, dass die Jünger und ich nicht einmal essen konnten. Als meine Angehörigen davon hörten, machten sie sich auf den Weg, um mich mit Gewalt zurückzuholen; denn sie sagten über mich: Ich bin von Sinnen. Meine Mutter und meine Brüder kamen zu dem Haus, blieben aber davor stehen. Sie ließen mich herausrufen. Es saßen viele Leute um mich herum und man sagte zu mir: Deine Mutter und deine Brüder stehen draußen und fragten nach dir. Ich erwiderte: Wer ist meine Mutter und wer sind meine Geschwister? Und ich blickte auf die Menschen, die im Kreis um mich herumsaßen, und sagte: Das hier sind meine Mutter und meine Geschwister. Wer den Willen Gottes erfüllt, der ist für mich Bruder und Schwester und Mutter.

Dein Freund Jesus (vgl. Mk 3, 20 – 21. 31 – 35)

Mein Freund Jesus,

Deine Freunde kannst Du Dir aussuchen Deine Verwandtschaft jedoch nicht. Auch in Deiner Situation trifft das Zitat wie die Faust aufs Auge. Schließlich wollte Dich die liebe Verwandtschaft gewaltsam nach Hause entführen, um Dich dort unter ihre Fittiche zu nehmen und ruhig zu stellen. Denn für sie warst Du reif für die Klappsmühle. Anders kann ich den Begriff von Sinnen nicht deuten. Das Entführungskommando, inklusive Deiner Mutter, hatte dazu die feste Absicht. Doch, entschuldige bitte meinen Sarkasmus, keine Ahnung vom Häuserkampf. Es bestand die Gefahr für sie, den Einsatz nicht ohne Verwundungen oder gar Verluste zu überstehen. So wandten sie eine List an, in dem sie Dich herausrufen ließen. Ich bin felsenfest davon überzeugt, dass

Du die liebe Familiensippe durchschaut hast, wie Du es bei Deinen anderen Widersachern getan hast. Das muss Dich doch enttäuscht haben, dass sie Dein Wirken so herabqualifizierten. Denn von schützen kann hier nicht die Rede sein. Anhand dieser Situation stellst Du klar, wer in Wahrheit zu Deiner Familie gehört, nämlich die, die den Willen des Vaters tun. Ich versuche Deine Familie zu verstehen. Ich glaube, sie wussten wirklich nicht, wer Du bist. Alles sollte so sein wie immer. Ein sicheres Leben spielt sich zwischen Tradition, gesellschaftlichen Normen und Gesetzen ab. Da haben Spinnereien, neue Ansichten, eigene Ideen keinen Platz. So etwas überfordert und kann Fragen eröffnen, die einen glatt aus der Bahn werfen. Das Tiefseelentauchen birgt für so strukturierte Menschen große Gefahren in sich. Sie haben Angst davor und aktivieren Schutzmechanismen. Denn nach den ersten Tauchgängen ist nichts mehr, wie es einmal war. Und das ist gut so. Ich bleibe mit Dir in diesem Haus. Um mich herum sitzen Menschen, die auch von mir hören wollen, was mich berührt. Sie will ich Schwestern und Brüder in Christus nennen. Jesus, Du wirst es nicht zulassen, dass ich entführt werde. Ich will nicht zu dem angeblich Bewährten zurück. Gestern war gestern und Heute ist Heute. Von mir aus können meine sichtbaren und unsichtbaren Gegner eine Intrige nach der anderen schmieden, mich brüskieren oder diffamieren. Vielleicht gelingt es ihnen mich in meinem Denken und Handeln kurzfristig erlahmen lassen. Ich werde Dein mir übertragenes Lebenswerk motivierter denn je in die Tat umsetzen.

Dein Freund Jürgen

Steuern & Gewissen

Lieber Jürgen,

einige Pharisäer und einige Anhänger des Herodes wurden zu mir geschickt, um mich mit einer Frage in die Falle zu locken. Sie kamen zu mir und sagten: Meister, wir wissen, dass Du immer die Wahrheit sagst und dabei auf niemand Rücksicht nimmst; denn Du siehst nicht auf die Person, sondern lehrst wirklich den Weg Gottes. Ist es erlaubt, dem Kaiser Steuer zu zahlen, oder nicht? Sollen wir sie zahlen oder nicht zahlen? Ich aber durchschaute ihre Heuchelei und sagte zu ihnen: Warum stellt ihr mir eine Falle? Bringt mir einen Denar, ich will ihn sehen. Man brachte mir einen. Da fragte ich sie: Wessen Bild und Aufschrift ist das? Sie antworteten mir: Des Kaisers. Da sagte ich zu ihnen: So gebt dem Kaiser, was dem Kaiser gehört, und Gott, was Gott gehört! Und sie waren sehr erstaunt über mich.

Dein Freund Jesus (vgl. Mk 12, 13 – 17)

Mein Freund Jesus,

Du musst wirklich den berühmten siebten Sinn haben. Denn ich sitze gerade über meiner Einkommenssteuererklärung. Schließlich will ich von meinen Steuern und Abgaben, die ich dem Staat unverzinst zur Verfügung stelle wieder einen Teil zurück. Ich brauche ihn, um ein paar wichtige Anschaffungen zu tätigen und sei es nur um Heizöl zu kaufen. Da bezahle ich ja schon wieder Steuern, trage zur Gewinnmaximierung eines Ölmagnaten bei und füttere zusätzlich noch die Hydra der Spekulanten, die an Preistreiberei aus irgendwelchen Gründen nicht zu überbieten sind. Und dann schreibst Du sinngemäß: Ich soll dem Staat geben, was dem Staat gehört. Was gehört ihm eigentlich? Und wer ist der Staat überhaupt? Wenn er ein vom Volk bestimmtes Gebilde ist und in seinen grundsätzlichen Strukturen die Menschenwürde, die freie Meinungsäußerung, freie Wahlen achtet und die soziale Marktwirtschaft in sein Handeln einbezieht, dann bin ich der Letzte, der sich dem entziehen will. Doch wenn die von uns gewählten Volksvertreter den Staat nur aus unternehmerischer Sicht betrachten, Lobbyisten Gesetze verhindern oder aufweichen, ein Korruptionsskandal dem anderen folgt, der Fraktionszwang mehr als die eigene Meinung zählt, die Vorbildfunktion nur auf dem Papier steht, der Draht zu den Menschen auf der Straße verloren geht, dann müssten eigentlich in jedem Bürger die Sirenen heulen. Jesus, ich habe große Sorge, dass die demokratischen Errungenschaften langsam erstickt werden. Jeder will im Recht sein und es auf seine Weise durchsetzen. Das Gesetz besteht aus reinen Worthülsen. Dessen Auslegung gleicht einem Gummi, den ich mir von listigen Juristen so zurecht ziehen lasse, damit es mir passt. So ist es nicht verwunderlich, wenn die Denkweise – Was die Großkopferten können, kann ich auch – zum Volkssport mutiert. Die Hauptsache ist, dass das Ich seine Vorteile hat. Das wir interessiert nicht. Genau hier beginnt der Zerfall. Bedarf es jedes Mal eines moralischen Niederganges inklusive vieler Opfer? Du Jesus durchschaust die eigentliche Absicht der Heuchler. Sie haben nichts anderes im Sinn als Dir eine Falle zu stellen. Deinen Weg zu gehen, heißt in der Realität zu leben, sich den Anforderungen des Lebens stellen, auf das Gemeinwohl bedacht sein und darunter fallen selbstverständlich auch Verpflichtungen wie die entsprechenden Abgaben zu bezahlen. Und dabei muss es gerecht zugehen. Wenn jeder den seinen Einkünften entsprechenden Steuersatz bezahlt, dann herrscht aus meiner Sicht ein gewisses Maß an Gerechtigkeit. Trifft das Gegenteil zu, dann will ich aufstehen und die Wahrheit sagen, ohne auf jemanden Rücksicht zu nehmen. Ich will nicht auf die Person sehen, sondern überprüfen, ob er nach Deiner Frohen Botschaft handelt.

Dein Freund Jürgen

Kirchenaustritt

Lieber Jürgen,

wenn Du hundert Schafe hast und eins davon verlierst, lässt Du dann nicht die neunundneunzig in der Steppe zurück und gehst dem Verlorenen nach, bis Du es findest? Und wenn Du es gefunden hast, nimm es voll Freude auf die Schultern, und wenn Du nach Hause kommst, ruf Deine Freunde und Nachbarn zusammen und sag zu ihnen: Freut euch mit mir; ich habe mein Schaf wiedergefunden, das verloren war. Ich sage Dir: Ebenso wird auch im Himmel mehr Freude herrschen über einen einzigen Sünder, der umkehrt, als über neunundneunzig Gerechte, die es nicht nötig haben umzukehren.

Dein Freund Jesus (vgl. Lk 15, 4 – 10)

Mein Freund Jesus,

jeder mir anvertraute Mensch muss gleich wichtig und wertvoll für mich sein. Im Vertrauen auf Dich kann ich den Verlorengegangenen getrost suchen gehen. Ich darf nicht an Ort und Stelle verweilen und sagen: Der Mensch ist mir egal. Ich muss aktiv werden. Unterwegs frage ich mich logischerweise: Kam es zu Verletzungen? Fühlte er oder sie sich in der Gemeinde unverstanden? Bin ich der Auslöser gewesen? Haben andere dazu beigetragen? Will er oder sie von mir gefunden werden? Wenn ich den Verlorengegangenen gefunden habe, lade ich zu einem Gespräch ein. Ich werde dabei nicht zum Wortführer sondern maximal zum Impulsgeber. Trotzdem lege ich Wert darauf, diesen Entschluss von verschiedenen Seiten zu beleuchten. Ohne manipulative Hintergedanken lade ich sie oder ihn ein, zurückzukehren. Ich muss darauf gefasst sein, dass der Mensch auf unbestimmte Zeit weg bleiben will. Kehrt der Verlorene zurück, darf ich ihn nicht mit blöden Kommentaren empfangen sondern mit Freude. Keiner hat das Recht, diesen Prozess auf irgendwelche Weise zu behindern oder zu verhindern. Wer das tut, hat Deine Botschaft nicht begriffen. Der lädt schwere Schuld auf sich. Wenn ich einmal so handeln sollte, dann lass mich, wie Paulus, sprichwörtlich vom hohen Ross herunterfallen, auf den harten Boden der Realität aufschlagen und Demut und Barmherzigkeit wieder in mein Denken, Fühlen und Handeln aufnehmen.

Dein Freund Jürgen

Diskussion

Lieber Jürgen,
nimm Dir fest vor, nicht im Voraus für Deine Verteidigung zu sorgen; denn ich werde Dir die Worte und die Weisheit eingeben, so dass alle Deine Gegner nicht dagegen ankommen und nichts dagegen sagen können.
Dein Freund Jesus (vgl. Lk 21, 14 – 15)

Mein Freund Jesus,
noch vor einigen Jahren habe ich mir manchmal für emotionale Diskussionen gewünscht, in denen es um Dich, den davon differenzierten Glauben und die Amtskirche ging, meine Gesprächspartner sprachlos zu machen. Eigentlich habe ich sie ja als Gegner gesehen. Und insgeheim wünschte ich mir, Sie wären so baff, dass sie den sehnlichsten Wunsch haben, zu Dir zurückzukehren. Das ist nicht in Erfüllung gegangen und somit war es auch nicht in Deinem Sinne. Ich war auch selber schuld, warum musste ich mich auch in jedes Gespräch einbringen. Eine Zeit danach habe ich mir auf Grund wüstester Beschimpfungen, die ich über mich ergehen lassen musste, überlegt, welche Gespräche es mir denn wert seien, mitzureden. Bei anderen habe ich mir sprichwörtlich auf die Zunge gebissen. Innerlich schüttelte ich den Kopf über so viel geistige Armut. Das war wiederum überheblich und so zufriedenstellend auch nicht. Nach dem Sinnspruch: „Du kannst den anderen nicht verändern aber Dich“, gewann ich die Erkenntnis, die Menschen zu hinterfragen und mit ihnen das Streitthema aus verschiedenen Blickrichtungen zu betrachten, wenn sie es zulassen. Das entspannt die Situation und führt nicht selten zu einem vertiefteren Gespräch. Denn oft liegt hinter einer Aussage eine bestimmte Absicht. So bitte ich Dich, Jesus, schenke mir die Gabe, das was mich an Dir fasziniert, authentisch nach

außen zu tragen. Denn ich sehe meine Aufgabe darin, die Menschen zu Dir zu führen.

Dein Freund Jürgen

Marta und Maria in mir

Lieber Jürgen,

jedes Mal, wenn ich nach Betanien kam, wurde ich von Marta und Maria eingeladen. Sie waren die Schwestern des Lazarus, den ich vom Tode auferweckt hatte. Wie immer nahmen sie mich freundlich auf. Maria setzte sich mir zu Füßen und hörte meinen Worten zu. Marta aber war ganz davon in Anspruch genommen, für mich zu sorgen. Sie kam zu mir und sagte: Herr, kümmert es dich nicht, dass meine Schwester die ganze Arbeit mir allein überlässt? Sag ihr doch, sie soll mir helfen! Ich antwortete: Marta, Marta, du machst dir viele Sorgen und Mühen. Aber nur eines ist notwendig. Maria hat das Bessere gewählt, das soll ihr nicht genommen werden.

Dein Freund Jesus (vgl. Lk 10,38 - 42)

Mein Freund Jesus,

eigentlich springst du viel zu hart mit der Marta um. Sie kümmert sich schließlich um dein Wohlbefinden. Wer hat denn schon die Möglichkeit, dich, den lebendigen Sohn Gottes zu bewirten? Ich sehe ihr gerade beim Zubereiten des Essens zu. Ihre Körperhaltung wirkt angespannt. Neid, Wut und Unverständnis keimen in ihr. „Das faule Stück! Sieht sie nicht wie ich hier rotiere? Ich reiße mir buchstäblich den Hintern auf. Und sie, die Madame, hat nichts anderes im Sinn wie bei Jesus zu sitzen und ihm zu zuhören. Das kann sie doch ein anderes Mal auch tun.“ Gleichsam hilflos wie vorwurfsvoll wendet sich Marta an dich. Du musst doch imstande sein, das faule Stück zur Mithilfe zu animieren. Doch du reagierst wie so oft, anders als wir Menschen das erwarten. Wann begreifen wir, die wir uns Christen nennen, das endlich, mich natürlich eingeschlossen? Du gibst ihr zu verstehen: Marta, du siehst vor lauter Wald die Bäume nicht. Du stellst ganz klar heraus: Wenn du da bist, dann willst du keinen All – inclusive – Service und hektische Betriebsamkeit. Wenn du da bist, soll auch sie, die Marta, einmal zur Ruhe kommen und deine Gegenwart genießen. Maria hat das für sich von Anfang an gespürt. Wie reagierte Marta auf deine Antwort? Davon steht zwar nichts in deinem Brief, aber ich kann es mir gut vorstellen. Sie fühlt sich wie vor den Kopf gestoßen. Die Enttäuschung steht ihr ins Gesicht geschrieben. Marta ist auf ihre Schwester eifersüchtig. Ihr bleibt aus eigenem Verschulden deine unmittelbare Gegenwart verwehrt. Ob sie das jemals zu ihren Lebzeiten begriffen hat? Diese Frage richtet sich auch an uns und jede religiöse Gemeinschaft. Denn ich sehe die Begebenheit nicht als eine typische Frauengeschichte an. Jeden Tag kann ich mir die Frage stellen: Wann war ich heute Marta und wann die Maria? Wenn ich ehrlich zu mir bin, dann nimmt die Marta einen sehr großen Teil in mir ein. Von der Uhrzeit gnadenlos beherrschte Termine, die ich meistens auch noch selbst vereinbart habe und die unvermeidliche Arbeit am Schreibtisch fordern ihren Tribut. Ich will jetzt nicht jammern, denn ich lebe in diesem Beruf. Am Abend lasse ich mich dann vom Fernseher berieseln, ohne am nächsten Tag noch zu wissen, was ich denn genau gesehen habe. Selbst im Gottesdienst ertappe ich mich im Blitzlichtgewitter meiner Gedanken versunken. Eigentlich wollte ich ja konzentriert teilnehmen. Da hilft es nur noch ein bewusstes Zeichen zu setzen. Imaginär halte ich ein Pausenschild in die Höhe. Ich will nicht, dass mein Leben der Marta gleicht. Wie gut tut da eine Tasse Kaffee, ein Gespräch mit meiner Frau, ein Wiedersehen mit Bekannten und Freunden. Selbstverständlich brauche ich auch die Stille. Am Schreibtisch lege ich die Arbeit beiseite, und widme mich der Bibelstelle für den Tag aus den Briefen von Taize. Oder ich nehme eine aufrechte Sitzposition ein und konzentriere mich beim bewussten Atmen auf die Pause nach dem Ausatmen und horche in sie hinein. Das Vaterunser plappere ich nicht vor mich hin. Ich atme Wort für Wort. Im Gottesdienst schließe ich die Augen und versuche nach der wiedergefundenen Konzentration auf die vernommenen Worte zu achten. Bemerke ich das Abschweifen, höre ich in mir deine Stimme, die zu mir sagt:

Nicht die Fassade sondern das offene Herz ist entscheidend. Die überbetonte Gewichtung der Marta erlebe ich auch in den Pfarreien. Beispielsweise bei der Vorbereitung und Durchführung von Erstkommunion, Firmung, Taufe, Hochzeit und Pfarrfest tritt sie beinahe übermächtig auf. Es geht bei weitem mehr um säkulare Angelegenheiten wie Kleidung, Kirchenschmuck, musikalische Umrahmung, Kuchenspenden, rechtzeitige Tischreservierung in den Gaststätten, ein üppiges Angebot an Speisen und Getränken als die Sakramentenspendung bei der auch noch in aufdringlicher und störender Paparazzimanier gefilmt oder fotografiert wird. Manche geladenen Gäste verwechseln das Gotteshaus mit einem Theatersaal oder einer Bahnhofshalle. Ich vernehme die neuesten Handyklingeltöne, die Hände sind nicht gefaltet sondern stecken tief verankert in den Hosentaschen und während die vorderen Bankreihen ein „Großer Gott wir loben dich“ anstimmen, frönen die Hinterbänkler in gleicher Lautstärke wie die Orgel der Konversation. Hin und wieder überdeckt Tabakgeruch den Weihrauchduft. Alkoholfahnen beantworten morgens um zehn den Friedensgruß mit einem Grüß Gott. Und wo bleibt die Maria? Selbst bei den haupt- und ehrenamtlich Engagierten kann ich diese Frage nicht ignorieren. Natürlich braucht es die Martas. Ohne sie existierten viele Angebote einfach nicht. Immer weniger Ehrenamtliche übernehmen immer mehr Aufgaben. Trotzdem erlaube ich mir die Frage: Wann sitzen wir, wie Maria, dir dem Herrn zu Füßen und hören deinen Worten zu? Und etwas direkter gefragt: Bist du, Jesus Christus, die Mitte unseres kirchlichen Lebens? Fühlst du dich überhaupt noch wohl unter uns? Sehen wir die eigentlichen Aufgaben oder gleichen wir einem Animationsclub, der nur bestehen kann, weil er Gratisangebote oder Dauertiefpreise mit professioneller Betreuung offeriert. Diese Fragen reiche ich auch an die Amtskirche weiter, die auf geringer werdende Einnahmen mit Personaleinsparung statt mit Verkauf von Kirchen und Grundstücken reagiert. Lieber leere Kirchenbänke wie unbequemes, weil hinterfragendes nicht klerikales Bodenpersonal. Das kann es doch nicht sein. Was nützt eigentlich ein prunkvolles Gotteshaus, wenn es zu einem Museum verkommt? Hier verwandelt sich doch nicht die Schar der Martas in lauter Marias. Die implizierte Religion des Geldes verstellt den Ausblick auf die nächsten Jahrzehnte und verwehrt Menschen die Mitarbeit in deinem Weinberg. Die Arbeit dort ist schier unerschöpflich. Hierfür hast du zu jeder Tageszeit Menschen angeworben. Allein mit ehrenamtlichen Mitarbeitern sind die zukünftigen Aufgaben nicht zu bewältigen, wenn ich dabei nur deren berufliche Faktoren wie flexible und ansteigende Arbeitszeiten oder die uneingeschränkte Mobilität ins Kalkül ziehe. Viele Menschen befinden sich auf der Sinnsuche und wollen dich - wie Maria reden – hören. Dafür braucht es Mitarbeiter, die kraft ihrer Charismen ihnen qualitative spirituelle Impulse geben können. Jesus, ich bitte dich, schicke uns noch einmal den Moses, damit er wenigstens innerhalb der Kirche den Tanz um den goldenen Stier beendet. Unternehmungsberatungen sind dazu nicht imstande. Die tanzen höchstens mit und freuen sich über den Verdienst. Der Rufer in der Wüste ist, dir sei es gedankt, wieder in mir erwacht. Es muss einfach heraus, selbst mit der Gefahr, dass ich mich wieder einmal in die Nesseln setze und sich daraus Nachteile für mich ergeben. Wer den Weg der Wahrheit geht, stolpert nicht. Dieser Satz von Mahatma Gandhi gehört zu meinem Lebensprogramm. In früheren Jahren bin ich wegen meiner Biegsamkeit einige Male schwer gestürzt. Sollen andere als bedauernswerte Günstlinge die Karriereleiter steil empor steigen. Irgendwann werden die Sprossen morsch. Ich kann mich ruhigen Gewissens jeden Tag im Spiegel betrachten und brauche im Alter nicht meine Selbstaufgabe beweinen. Trotz meines starken und hoffentlich nicht überheblich wirkenden Selbstwertgefühles bitte ich dich: Setze die Marta in mir auf Diät und füge der Maria in mir jeden Tag ein Gramm hinzu. Kein Mensch hat das Recht mir diese sich steigernde Gewichtung zu nehmen. Danke für deinen Zuspruch.

Dein Freund Jürgen

Dienen will ich, nicht kuschen

Lieber Jürgen,

Jakobus und Johannes, die Söhne des Zebedäus traten zu mir und sagten: Meister, wir möchten, dass du uns eine Bitte erfüllst. Ich antwortete: Was soll ich für euch tun? Sie sagten zu mir: Lass in deinem Reich einen von uns rechts und den anderen links neben dir sitzen. Ich erwiderte: Ihr wisst nicht, um was ihr bittet. Könnt ihr den Kelch trinken, den ich trinke, oder die Taufe auf euch nehmen, mit der ich getauft werde? Sie antworteten: Wir können es. Da sagte ich zu ihnen: Ihr werdet den Kelch trinken, den ich trinke, und die Taufe empfangen, mit der ich getauft werde. Doch den Platz zu meiner Rechten und zu meiner Linken habe nicht ich zu vergeben; dort werden die sitzen, für die diese Plätze bestimmt sind. Als die zehn anderen Jünger das hörten, wurden sie sehr ärgerlich über Jakobus und Johannes. Da rief ich sie zu mir und sagte: Ihr wisst, dass die, die als Herrscher gelten, ihre Völker unterdrücken und die Mächtigen ihre Macht über die Menschen missbrauchen. Bei euch aber soll es nicht so sein, sondern wer bei euch groß sein will, der soll euer Diener sein, und wer bei euch der Erste sein will, soll der Sklave aller sein. Denn auch ich, der Menschensohn, bin nicht gekommen, um sich dienen zu lassen, sondern um zu dienen und sein Leben mitzugeben als Lösegeld für viele.

Dein Freund Jesus (vgl. Mk 10, 35 – 45)

Mein Freund Jesus,

warum soll es unter den 12 Aposteln anders verlaufen wie in kirchlichen Gremien, in politischen Gruppierungen oder in Vereinen? Immer wollen welche Sonderkonditionen oder mehr als alle anderen begünstigt werden. Jakobus und Johannes wollen hoch hinaus, höher geht es eigentlich für einen

Menschen nicht. Ihre Forderungen klingen unheimlich anmaßend, absolut karrieregeil und egoistisch. Okay, Johannes und Jakobus wurden von Dir unmittelbar nach Petrus und Andreas berufen. Sie gehörten zum innersten Kreis Deiner 12 Apostel. Deshalb waren sie bei Deiner Verklärung dabei und Du hast sie nach dem Paschamahl mit zum Ölberg genommen. Sie sollten bei Deiner letzten irdischen Nacht ganz nahe bei Dir sein. Aus rein menschlicher Sicht ist es somit verständlich, dass sie automatisch von einem gewissen Rechtsanspruch in Bezug auf ihre Position nach ihrem irdischen Ableben ausgingen. Die Beiden müssen darüber schon untereinander Gespräche geführt haben. Denn sie äußerten ihre Bitte gemeinsam inklusive einer ganz konkreten Vorstellung. Doch Du hast ihnen die Zähne gezogen, weil sie über ihr Ziel hinausgeschossen sind. Du bestätigst ihnen die Fähigkeit, Dir nachzufolgen. Sie sind Deiner Meinung nach imstande, ebenso wie Du, den Leidensweg zu gehen. Doch ihre Macht- und Profilneurose schaltete die Vernunft und mit ihr die Einsicht aus, dass nur einer, nämlich Gott Vater bestimmt, wer welchen Platz neben Dir einnimmt. Das scheint ihnen nicht einzuleuchten. Klar, dass ein derartiges Bestreben einer Gemeinschaft absolut nicht dienlich ist und das harmonische Miteinander entsprechend stört. Wobei ich die Gemeinschaft Deiner Apostel nicht idealisieren will, denn auch Konflikte inklusive eines von Dir initiierten reinigenden Gewitters führt zu einer Weiterentwicklung. Sorry, dass ich jetzt lachen muss, aber ich stelle mir gerade das Gegenteil vor. Jakobus und Johannes erhalten die Zusicherung von Dir. Das Resultat wäre: Beide hätten vor lauter Eitelkeiten ihren Auftrag ad acta gelegt und wären wie Pfaue durch die Lande stolziert. Die anderen zehn Jünger wären frustriert und demotiviert. Die Folge: Über Dein Zielvorhaben hätte das Damoklesschwert geschwebt. Das alles hast Du selbstverständlich erkannt und Du hast der Belastungsprobe für die Gemeinschaft mit zwei taktischen Schritten entgegengewirkt. Du hast sie zusammengeholt und das getan, was ein

Vorgesetzter in einer Firma, ein Abteilungsleiter eines Vereins oder ein Ehepartner immer und nicht nur in schwierigen Situationen tun sollte: Du hast das Gespräch gesucht. Dabei zeigtest Du die globale Situation auf. Im Gegensatz zu vielen weltlichen Herrschern, denen es hauptsächlich um das Ausüben und Behaupten von Macht geht, verlangst Du von Deinen Freunden genau das Gegenteil. Deine Auffassung von einer Interessensgemeinschaft steht im absoluten Kontrast zur weltlichen Vorstellung. Du willst, dass selbst die zwölf Auserkorenen keinen Höhenkoller bekommen, und bereits zu Lebzeiten der irdischen Welt entschweben. Du willst, dass sie an der Basis arbeiten, die Sorgen und Nöte der Menschen spüren und gezielt helfen können. Das forderst Du nicht nur ein. Das lebst Du beispielgebend vor. Und das ist der entscheidende Faktor der langfristig zum Erfolg führt. Reines Macht-, Erfolgs- und Karrierestreben sowie finanzielle Raffgier führen zur Egomanie auf Kosten anderer. Nur wer imstande ist, aus dem Herzen heraus zu geben, der kann andere überzeugen, sich dieser Deiner Gemeinschaft und keiner anderen anzuschließen. Mit Macht, Unterdrückung und Manipulation erreiche ich nichts. Ich benötige Geduld und Motivation und das zunächst ganz klar für mich. Ich habe die Pflicht vorzuleben und auch einfache Aufgaben zu erfüllen. Dort beispielhaft anzupacken, wo es notwendig ist. Machtausübung und Drohgebärden sind emotionale Spielsteine, die bei meinem Gegenüber Desinteresse oder Widerstand hervorrufen. Ständige Kämpfe um die Hierarchie lassen einen das eigentliche Ziel aus den Augen verlieren. Natürlich gibt es Situationen, in denen ein Vorgesetzter Entscheidungen treffen muss. Wenn jedoch die Mitarbeiter nie eingebunden werden, ruft das Unzufriedenheit und somit Demotivation hervor. Das wirkt sich negativ auf das Betriebsklima und auf das Betriebsergebnis aus. Absolute Priorität muss die Identifikation der Beschäftigten mit dem Unternehmen haben. Das gilt selbstverständlich auch für eine christliche Gemeinde bzw. eine Gemeinschaft. Leider straft mich die

Realität Lügen. Es geht nicht um dienen in Demut sondern um Macht, Kontrolle und Dominanz. Es geht um Aktionismus und nicht um Gefühle, Sehnsüchte und Charismen. Es gilt das von frühester Kindheit an implizierte schlechte Gewissen zu beruhigen. Hauptsache, dass etwas geschehen ist. Die Frage nach der Nachhaltigkeit wird nicht gestellt. Es folgt keine Analyse des Ist – Zustandes. Sich der Realität zu stellen, ist wahrscheinlich zu grausam. Es ist doch nicht alles schlecht. Für Ziele und Visionen gibt es keinen Platz. Religionspsychologische und soziologische Perspektiven werden nicht mit einbezogen. Ist doch egal, ob uns das II. Vatikanum dazu auffordert. Schuld an der religiösen Entwicklung haben stets die anderen und der Relativismus. Wo bitte Jesus bleibt die Ursachenforschung? Alles soll möglichst so bleiben wie es war. Früher da war alle so wunderbar. Also alle bitte wieder einrollen und sich nicht bewegen. Am Besten sich gar nicht rühren. Du Jesus sagst: Bei euch soll es nicht so sein. Dieser Satz muss für mich, für uns Christen zu einem Leitsatz werden. Wenn schon die anderen aus irgendwelchen Gründen nicht wollen, dann hilf mir doch bitte beim Umsetzen. Ich sehe mich nicht als Animateur. Ich will keine Fast – Food Pastoral. Ich habe keinen Vorgesetztenstatus. Somit bin ich nicht Leitender auch kein Leidender sondern Begleiter. Allen Widersachern zum Trotz setze ich in der Jugendarbeit auf geduldiges schrittweises Weiterentwickeln. Darin enthalten sind steigendes Verantwortungsbewusstsein, was hoffentlich mit Fehlentscheidungen einhergeht, sich ausprobieren können, das Vertreten der eigenen Meinung, die Befähigung zur Reflexion, die schrittweise Übernahme von Aufgaben und das individuelle Betreten von neuen Feldern. Ich will, dass sich in einem gruppendynamischen Prozess Handlungsfelder entwickeln. Das bedeutet: Einbringen von Vorschlägen, Festlegen der Prioritäten, Vorbereiten – Durchführen – Nachbereiten einzelner Programmpunkte. Leider verläuft die religionspsychologische und soziologische Entwicklung unter gleichzeitiger Berücksichtigung möglicher Konkurrenten absolut konträr zu den

Forderungen vermeindlicher Besserwisser, die glauben, ihre Jugendzeit auf die Gegenwart- und Zukunft eins zu eins übertragen zu können. Ich will jetzt nicht weiter schießen sondern meine Attacken einstellen. Denn Deine Aufforderung übertrage ich auf mich: Jürgen, bei Dir soll es anders sein. Wenn Du groß sein willst, sollst Du Diener sein. Wenn Du der erste sein willst, sollst Du Sklave sein. Denn auch Du bist nicht geboren worden, um Dich bedienen zu lassen, sondern um zu dienen. Und trotzdem bin ich kein Erfüllungsgehilfe und ich habe absolut keine Lust auf Selbstaufgabe. Ich will in der Gemeinschaft nach Deinem Willen handeln. Und so weise mir die Orte zu, an denen ich es in Deinem Sinne umsetzen kann.

Dein Freund Jürgen

Ehe ist nicht, Ehe wird oder bricht

Lieber Jürgen,

Du hast gehört, dass gesagt worden ist: Du sollst nicht die Ehe brechen. Ich aber sage Dir: Wer eine Frau auch nur lüstern ansieht, hat in seinem Herzen schon Ehebruch mit ihr begangen. Ferner ist gesagt worden: Wer seine Frau aus der Ehe entlässt, muss ihr eine Scheidungsurkunde geben. Ich aber sage Dir: Wer seine Frau entlässt, obwohl kein Fall von Unzucht vorliegt, liefert sie dem Ehebruch aus; und wer eine Frau heiratet, die aus der Ehe entlassen worden ist, begeht Ehebruch.

Dein Freund Jesus (vgl. Mt 5, 27 – 28. 31 – 32)

Mein Freund Jesus,

Dein Brief verursacht ein Wellental der Gefühle in mir. Einerseits kann ich mich mit manchen Aussagen überhaupt nicht anfreunden. Andererseits finde ich es positiv wie Du für die Frauen Partei ergreifst. Menschlich empfinde ich es geradezu außergewöhnlich. Betrachte ich es von Deiner Gottessohnschaft her, dann muss ich diese Position von Dir erwarten. Was Du über Lüsternheit in Bezug auf den Ehebruch von Dir gibst, ruft in mir erst einmal Widerstand hervor. Ich habe keine Lust mich auf irgendeine Art und Weise masochistisch zu kasteien. Die von pornographischen Metastasen unheilbar befallene Medienwelt versteht es außerordentlich gut die Männer mit psychologisch eruierten Reizen zum Konsum anzuregen. Und ich falle wie fast alle Männer auf diesen doch offensichtlichen Hinterhalt immer wieder rein und lasse mich zumindest in meiner emotionalen Gedankenwelt manipulieren. Nicht die Frau steht mit ihrer ganzen Würde im Vordergrund sondern die Verpackung und die ihr aufdoktrinierte Mimik und Gestik. Leider versucht Mann es auf sein eigenes Sexualleben zu übertragen. Gelingt das nicht bleibt nur die Flucht in die Phantasie. Zudem werden sexuelle Reize offenbar, die bei genauem Hinsehen ihren eindeutigen Ursprung in Kindheitserlebnissen haben und ab Beginn der Pubertät herausbrechen. Plötzlich wird das, was ich als Kind widerwärtig empfunden habe oder wo ich mich ohnmächtig fühlte, zu einer sexuellen Begierde. Du hast im Laufe der Zeit dafür gesorgt, dass ich mich selbst damit auseinandersetzen und mit meiner Frau offen darüber reden konnte. Es stellt sich mir gerade die Frage. Wie gestaltet sich die Sexualität in der Ehe ohne pornographische Einflüsse? Ich glaube, dass es ungemein wichtig ist, im Gegenüber einen Menschen zu sehen und nicht ein Objekt der aufgestauten Triebe. Ehe ist kein Fastfood Essen, Ehe ist ein lebenslanger Prozess, der für mich zum Ziel hat, sich gegenseitig bei der Selbstfindung zu unterstützen, um ein Selbstwertgefühl zu entwickeln, damit beide in allen Bereichen aus innerster Freiheit heraus reden und handeln können. Eine Ehe ist für mich dann keine Ehe mehr, wenn grenzenloser Egoismus keine Kompromissbereitschaft mehr erkennen lässt, wenn der Materialismus der Hauptnenner der Befriedigung ist, wenn Eifersucht das Vertrauen qualvoll vermodern lässt. Einem Ehebruch muss nicht unbedingt ein Fall von Unzucht vorausgehen. Auch hier gehst Du entschieden gegen die Beliebigkeit vor. Nur wo ich Dich nicht verstehen kann, ist Deine Haltung, wenn eine Ehe absolut zerworfen ist und die Ehepartner wieder neue Partner, vielleicht auch selbst getrennt lebend oder geschieden, kennen und lieben lernen. Haben diese Menschen nicht eine neue Chance verdient? Klingt es für Dich vermessen, wenn ich sage: Ich denke schon. Wahre Liebe kennt doch keine Grenzen. Kein Außenstehender darf hier ein Urteil fällen. Zueinander Ja zu sagen bleibt in der absoluten Verantwortung der beiden Liebenden. Schließlich führst Du doch die Menschen zusammen. Von Dir ist alles gefügt. Wenn dem nicht so ist, dann muss ich den Sinn meines Lebens völlig neu bewerten. Weitaus schwieriger wird es für mich, wenn ich Ehepartner mit Kindern betrachte. Die Kinder sind die Leidtragenden. Sie bekommen die Konflikte mit, werden auch noch häufig mit hinein gezogen und müssen alles seelisch verarbeiten. Sie sind und bleiben die Leidtragenden, weil es sich in ihrem zukünftigen Leben entsprechend auswirkt. Nur ist es ehrlich und richtig, wenn Eltern mit unüberbrückbaren Differenzen allein der Kinder wegen zusammen bleiben? Da findet doch kein Familienleben mehr statt. Andererseits gibt es kein Leben ohne irgendwelche physischen oder psychischen Schmerzen. Ich erachte es deshalb für wichtig, Kinder mit Verstand und viel Gefühl in den Prozess mit einzubeziehen. Ein fehlerloses Verhalten der Ehepartner gibt es nicht, dazu sind sie Menschen und keine Maschinen. Aber beide können sich in gegenseitiger Achtung fair zueinander und gegenüber den Kindern verhalten. Du hast in mir ein unerschöpfliches Thema angestoßen.

Dein Freund Jürgen

Die Strategie

Lieber Jürgen,

am frühen Morgen begab ich mich in den Tempel. Alles Volk kam zu mir. Ich setzte mich und lehrte es. Da brachten die Schriftgelehrten und die Pharisäer eine Frau, die beim Ehebruch ertappt worden war. Sie stellten sie in die Mitte und sagten zu mir: Meister, diese Frau wurde beim Ehebruch auf frischer Tat ertappt. Mose hat uns im Gesetz vorgeschrieben solche Frauen zu steinigen. Nun, was sagst du? Mit dieser Frage wollten sie mich auf die Probe stellen, um einen Grund zu haben mich zu verklagen. Ich aber bückte mich und schrieb mit dem Finger auf die Erde. Als sie hartnäckig weiterfragten, richtete ich mich auf und sagte zu ihnen: Wer von euch ohne Sünde ist, werfe als erster einen Stein auf sie. Und ich bückte mich wieder und schrieb auf die Erde. Als sie meine Antwort gehört hatten, ging einer nach dem anderen fort, zuerst die Ältesten. Ich blieb allein zurück mit der Frau, die noch in der Mitte stand. Ich richtete mich auf und sagte zu ihr: Frau, wo sind sie geblieben? Hat dich keiner verurteilt? Sie antwortete: Keiner, Herr. Da sagte ich zu ihr: Auch ich verurteile dich nicht. Geh und sündige von jetzt an nicht mehr!

Dein Freund Jesus (vgl. Joh 8, 2 – 11)

Mein Freund Jesus,

wenn Demonstrationen eskalieren, dann fliegen meistens Steine. Dann gehen Fensterscheiben zu Bruch und Menschen tragen Verletzungen davon, die eigentlich nichts dafür können. Es entlädt sich der ganze Frust, die aufgestauten Aggressionen. Dahinter verbirgt sich die ganze Ohnmacht gegenüber der von denn Mächtigen verschuldeten Situation. Auf der anderen Seite gibt es Steinwerfer, denen es nicht um die Sache geht, sondern die Lust am Zerstören verspüren, die chaotische Zustände auslösen wollen. Natürlich braucht es auch die Mitläufer, die Herdentiere, denen es am Selbstvertrauen mangelt sich für eine bestimmte Sache voll und ganz einzusetzen. Wieder andere lassen sich von den bisweilen hohlen Phrasen der Meinungsmacher derart manipulieren, dass deren Emotionen implodieren und explodieren. Der letzte Funke Verstand erlischt. Für die Friedfertigen bleiben während und nach der Demonstration nur Statistenrollen, weil sie für die quotengesteuerten Medien, die sich letztendlich nach der Religion des Geldes ausrichten, schlichtweg langweilig sind. Die betroffene Nomen Klatura nutzt diese Form der Präsentation geschickt für ihre ideologischen und materiellen Zwecke aus. Der eigentliche Demonstrationsgrund verwässert noch am gleichen Tag. Am nächsten Morgen spricht niemand mehr davon. Das Problem bleibt ungelöst. Maximal, meistens vor der Wahl, wird der Kompromiss als die Lösung präsentiert. In Deiner geschilderten Situation gibt es den nicht. Du hast eine Lösung parat und was für eine. Dazu später. Ich will mich zunächst in das Geschehnis hineinversetzen. Ich sehe wie die Pharisäer und Schriftgelehrten eine Frau herbei zerren. Endlich haben sie ein Opfer gefunden. Opfer? Eher ein Mittel zum Zweck. Die eigentliche Absicht kennen nur die selbstherrlichen Ankläger und Du, Jesus. Ihr Ziel lautet: Dich in ein Dilemma zu bringen. Wenn Du für sie bist, dann verstößt Du gegen das Gesetz des Mose. Wenn Du der Steinigung zustimmst, dann verstößt Du gegen das Gebot – Du sollst nicht töten. Endlich können sie Dich vor aller Welt bloß stellen, Dich mundtot machen. Pharisäer und Schriftgelehrte ignorieren die Todesangst der Frau. Sie zittert am ganzen Körper. Die Lage erscheint aussichtslos. Aber die Herrschaften haben die Rechnung ohne den Wirt gemacht. Scheinbar unbeeindruckt schreibst Du mit dem Finger auf die Erde. Für mich wirkst Du einerseits wie ein Pokerspieler und andererseits wie ein Stratege. Deine Gegner haben Dich in Gedanken schon zur Strecke gebracht. Sie wollen nur noch das Einverständnis Deiner Niederlage hören. Du sollst vor all den Schaulustigen, Mitläufern und Demagogen verkünden: Ich bin schachmatt. Rien ne va plus.Doch das Gegenteil ist der Fall. Du holst nicht zu einer flammenden Verteidigungsrede aus. Du drückst nicht auf die Tränendrüse. Du setzt einen für sie derart unerwarteten Impuls, der weder eine Diskussion noch Tumulte auslöst: Wer ohne Sünde ist, der werfe den ersten Stein. Kannst Du mir irgendwann einmal zu meinen irdischen Lebzeiten so einen verbalen Atomschlag eingeben? Es ist Wahnsinn, was durch diesen einen Satz passiert. Sie lassen die Steine fallen und gehen. Zuerst die Ältesten, die mit der meisten Lebenserfahrung. Sie wissen: Kein Mensch kann ohne Sünde leben. Ehe ich fortfahre muss ich zu diesem Thema eine kurze Begebenheit schildern. Ein Pfarrer erzählte, dass es Gläubige gibt, die zu ihm sagen, sie hätten seit der letzten Beichte keine Sünden begangen. Wahnsinn, oder? Zurück zur verhinderten Steinigung. Die Demontageversammlung bestehend aus der sich selbst ernannten geistigen Elite und dem aufgestachelten weil für stupide gehaltenem Volk löst sich auf. Im Privatfernsehen käme jetzt der Werbeblock. Jesus, was bist Du nur für ein Spielverderber! Es begann doch so spannend zu werden und jetzt beendest Du dieses Drama völlig unspektakulär. Doch Du wärst nicht Du, wenn für Dich jetzt der Fall erledigt wäre. Jetzt kommt das, was Dich ausmacht, was Dich unterscheidet. Du schwebst nicht von dannen und lässt die Frau einfach stehen, allein mit ihren Gedanken, Gefühlen und ihrer Sprachlosigkeit. Du kümmerst Dich um sie. Von Dir hört sie keine Worte der Anklage oder der ewigen Verdammnis. Du reflektierst mit ihr in Form von Fragen das gesamte Geschehen. Kein Mensch hat das Recht sie zu verurteilen und nicht einmal Du nimmst Dir dieses Recht heraus. Hier bewahrheitet sich wieder: Deine Botschaft enthält keine Drohung sondern will ein Leben mit Sinn und Strategie vermitteln. Du forderst sie auf ins Leben zurückzukehren, das Gewesene abstreifen, sich wie eine Schlange häuten und neu anfangen. Am Ende meines Briefes kommt mir noch ein Gedanke. Zum Ehebruch gehören doch immer zwei. Mit keiner Silbe wird seine Person von den Anklägern erwähnt. Was für eine Doppelmoral, was für ein schizophrener Glaube, der leider unausrottbar ist! Auf wie viele Frauen wurden schon verbale Steine geworfen und wie viele von diesen fanden keinen anderen Ausweg als aus dem Leben zu scheiden. Ich vertraue darauf, dass Du ihnen im Himmel, wie der Sünderin auf Erden, ein neues Leben schenkst. Denn deine Güte reicht so weit der Himmel ist. Unser irdisch begrenzter Verstand ist nicht in der Lage sie nur annähernd zu messen.

Dein Freund Jürgen

Offenbarung

Lieber Jürgen,

bitte denke bei all Deinen Erkenntnissen immer an folgende Worte: ich preise dich, Vater, Herr des Himmels und der Erde, weil du all das den Weisen und Klugen verborgen, den Unmündigen aber offenbart hast. Ja, Vater, so hat es dir gefallen. Mir ist von meinem Vater alles übergeben worden; niemand erkennt den Sohn, nur der Vater, und niemand erkennt den Vater, nur der Sohn und wem immer es der Sohn offenbaren will.

Dein Freund Jesus (vgl. Mt 11, 25 – 27)

Mein Freund Jesus,

schließt Du wirklich Menschen aus? Sind die Menschen, denen Du Dich offenbaren willst, bewusst begrenzt? Jedenfalls gehören nach Deinen Worten Weise und Kluge nicht dazu. Weise sein bedeutet, durch die Lebenserfahrung handeln. Für klug werden Menschen gehalten, die viel Verstand besitzen. Das allein reicht offensichtlich nicht aus, um Dich und den Vater zu erkennen. Ich muss unmündig sein. Das heißt, ich befinde mich in einer Lebenssituation, in der ich nicht in der Lage bin, frei zu entscheiden, in die ich mich selbst hineinmanövriert habe, weil es mir beispielsweise an Selbstbewusstsein mangelt oder wo mich andere in meiner Freiheit beschneiden oder ein Ereignis eintrat, dass mich zu Boden warf. Genau dort unten in der Unmündigkeit geschieht etwas sonderbares. Es entsteht eine Sehnsucht nach Liebe, Geborgenheit und Barmherzigkeit, die es zu stillen gilt. Dort unten wirst Du zum ersten Mal spürbar, zunächst anonym. Erst im Laufe der Zeit und der daraus aufkeimenden Bereitschaft, sich Dir mehr und mehr zu öffnen, entsteht ein Bild von Dir, dass durch Dein Wirken immer klarer wird und die Seele erschütternd positiv berührt. Du bist nun mal kein ausschließlich geistiges Gegenüber, sondern Du offenbarst Dich als ganze Person. Du gibst Dich mir nach Deinem Willen zu erkennen. Das muss ich mir stets ins Bewusstsein rücken. Das gilt auch für jeden anderen. Du offenbarst Dich jedem und das auf individuelle Weise. Unter normalen Umständen setze ich voraus, dass ich mich Dir vertrauensvoll öffne. Wenn ich dazu bereit bin, muss ich mir im Klaren sein, dass in der Beziehung zu Dir nichts mehr so ist wie es zu Beginn war. Ich gelange mit Dir in ungeahnte Tiefen. Vorherige eingeredete Pflichten oder reines symbolhaftes Handeln verlieren immer mehr an Bedeutung. Das hat keinen Platz mehr. Lasse ich es nicht an mir geschehen, bleibt das alles verborgen und da kann ich mich noch für so klug und weise halten. Eigentlich möchte ich Dich bitten: Jesus offenbare Dich mir weiterhin. Doch das brauche ich nicht, Du tust es, wann immer Du es für richtig erachtest.

Dein Freund Jürgen

Hochmut und Demut

Lieber Jürgen,

für den Fall, dass Du einmal wieder von Deiner Gerechtigkeit überzeugt bist und dabei andere verachtest, will ich Dir folgendes Beispiel erzählen: Ein Theologe und ein Beamter gehen in die Kirche. Der Theologe stellt sich hin und spricht leise dieses Gebet: Gott, ich danke dir, dass ich nicht wie die anderen Menschen bin, die Räuber, Betrüger, Ehebrecher oder auch wie dieser korrupte Beamte. Ich faste jeden Freitag und spende für Misereor und Adveniat. Der Beamte aber bleibt ganz hinten stehen und wagt nicht einmal, seine Augen zum Himmel zu erheben, sondern betet: Gott, sei mir Sünder gnädig! Ich sage Dir: Dieser kehrt als Gerechter nach Hause zurück, der andere nicht. Denn wer sich selbst erhöht, wird erniedrigt, wer sich aber selbst erniedrigt, wird erhöht werden.

Dein Freund Jesus (vgl. Lk 18, 9 – 14)

Mein Freund Jesus,

danke für dieses Paradebeispiel von Hochmut, der ja bekanntlich vor dem Fall kommt und von Demut, die sich entwickelt, wenn ich buchstäblich am Boden bin. Im Religionsunterricht lasse ich von den Schülern folgende Partnerübung durchführen. Ein Schüler steigt auf den Stuhl und stellt sich gerade hin. Sein Partner kniet sich auf den Boden und berührt mit der Stirn sowie mit den Handflächen den Boden. Beide verharren für eine Minute in der Position, dann tauschen sie die Rollen. Anschließend teilen Sie mir ihre Eindrücke mit. Zu Deinen irdischen Lebzeiten war der Theologe ein Pharisäer und der Beamte ein Zöllner. Es ist ungerecht, wenn alle Pharisäer als Heuchler hingestellt werden. Sie versuchen Gottes Willen im Alltag zu leben und mit einer Vielzahl an Gestzen den Glauben an den einen Gott zu erhalten. Auch Du, Jesus, diskutiertest mit ihnen und fordertest die Menschen auf, all das zu tun und zu befolgen, was sie sagen, aber nicht nach dem, was sie tun. Du hast die Pharisäer nicht selbst kritisiert sondern bestimmte Formen ihrer Gesetzespraxis. Eine Art und Weise davon ist die Selbstherrlichkeit, mit der der Pharisäer seine eigene Person in den Vordergrund stellt und seine Mitmenschen abwertet: „Gott, ich danke dir, dass ich nicht wie die anderen bin". In das gleiche Fahrwasser gerate ich, wenn ich herausstelle, dass ich, im Gegensatz zu den Taufscheinchristen, die vorgegebenen Gebote inklusive der abgeleiteten Pflichten wie zum Beispiel die Teilnahme an der sonntäglichen Eucharistiefeier, den Empfang des Sakramentes der Versöhnung ein Mal im Jahr, das Einhalten der vorgeschriebenen Fast- und Abstinenztage, die Abgabe der Kirchensteuer und die Spende für die Armen befolge. Wenn ich dann noch über die Menschen herziehe, die nur an Ostern oder Weihnachten oder vielleicht nur anlässlich einer Taufe, Hochzeit, Firmung, Erstkommunion und Beerdigung an einem Gottesdienst teilnehmen, die nicht mehr beichten, das Fasten mit einer Diät verwechseln und die letztendlich aus steuerlichen Gründen oder um das Gewissen zu erleichtern, für die am Rande der Gesellschaft Lebenden etwas übrig haben, dann stehe ich berechtigt in der Kritik. Muss ich mich deswegen wie der korrupte Beamte verhalten? Aus der von Dir vorgestellten Situation heraus sage ich ein klares Ja. Denn in Anbetracht meiner Fehler, die mir in besonders lichten Momenten bewusst werden, bist Du der Einzige, der mich wieder auf den Weg der Liebe führt. Das bedeutet für mich jedoch nicht stets in der Rolle des unterwürfigen Schuldners zu leben. Du willst, dass ich mich selbst finde und dabei die nicht erlöschende Glut Deiner Liebe zu einem positiven Feuer entfache, dessen Funken auf meine Mitmenschen überspringen.

Dein Freund Jürgen

Mit Dir eins sein

Lieber Jürgen,

vor meiner Gefangennahme habe ich ein Gebet an den Vater gerichtet. Einen Teil davon habe ich für Dich aufgeschrieben. Alle sollen eins sein: Wie du, Vater, in mir bist und ich in dir bin, sollen auch sie in uns sein, damit die Welt glaubt, dass du mich gesandt hast. Und ich habe ihnen die Herrlichkeit gegeben, die du mir gegeben hast; denn sie sollen eins sein, wie wir eins sind, ich in ihnen und du in mir. So sollen sie vollendet sein in der Einheit, damit die Welt erkennt, dass du mich gesandt hast und die Meinen ebenso geliebt hast wie mich. Vater, ich will, dass alle, die du mir gegeben hast, dort bei mir sind, wo ich bin.

Sie sollen meine Herrlichkeit sehen, die du mir gegeben hast, weil du mich schon geliebt hast vor der Erschaffung der Welt. Gerechter Vater, die Welt hat dich nicht erkannt, ich aber habe dich erkannt, und sie haben erkannt, dass du mich gesandt hast. Ich habe ihnen deinen Namen bekannt gemacht und werde ihn bekannt machen, damit die Liebe, mit der du mich geliebt hast, in ihnen ist und damit ich in ihnen bin.

Dein Freund Jesus (vgl. Joh 17, 21 - 26)

Mein Freund Jesus,

ich frage mich gerade: Was heißt Eins sein mit Dir? Wie, wo und wann erlebe ich derartige konkrete Situationen? Sofort fällt mir meine Laufleidenschaft ein, eines von Deinen unzähligen Geschenken, die ich oft erst Jahre später als solche begreife. Nicht nur im stillen Kämmerlein sondern auch draußen lässt du Dich von mir finden. Das geschieht nicht jeden Tag. Es ereignet sich besonders bei mehrstündigen Läufen. Und die kann ich nun mal nur aus körperlichen Gründen in gewissen Zeitabständen absolvieren. Warum rechtfertige ich mich gerade? Du gibst mir, was ich brauche. Ist das Abhängigkeit, die zur Hörigkeit mutiert? Nein, grenzenlos werdendes Vertrauen, das zum Eins sein mit Dir führt. Stopp! Zurück zum Ausgang. Ich bin also mit niedrigem Tempo unterwegs. Die Gedankenspots haben gerade in meinem Gehirn mit ihrer Vorstellung begonnen, manche überschreiten ihre Sendezeit. Großzügig sehe ich darüber hinweg, denn mehrdimensionale Betrachtungsweisen sind unheimlich wichtig für mich. Während des Laufens verschieben sich schon einmal Prinzipien und Prioritäten. Es dauert ziemlich lange, meist neunzig bis hundertzwanzig Minuten, bis sich die letzte Sequenz in Richtung Unterbewusstsein verabschiedet. Der Körper scheint allmählich alleine zu laufen, während Seele und Geist das Gefühl des Nebenherlaufens vermitteln. Und dann entwickelt sich der Augenblick. Ich fühle tiefste Geborgenheit. Du bist spürbar da, zum Greifen nahe. Ich will es so lange wie möglich auskosten. Endet es, kämpfe ich nicht dagegen an. Mich befällt auch keine Trauer. Nur die Sehnsucht nach Wiederkehr bleibt. Sie stille ich mit der Gewissheit: Ich darf diesen Moment wieder erfahren, wann immer Du mir ihn zu Teil werden lassen willst. Das Eins sein mit Dir verspüre ich auch, wenn sich Gespräche entwickeln, die sich nicht in Alltagsbanalitäten festfahren. Pferdestärken eines Sportwagens sind mir ebenso egal wie das Leben von Prominenten. Ich will nicht arrogant klingen. Smalltalk ist notwendig, weil ich mit manchen Menschen nur an der Oberfläche verweilen kann und sie nicht mit mir oder die Zeit dafür einfach noch nicht reif ist. Manchmal braucht es erst eine Aufwärmphase. Doch dann will ich in die Tiefe hinabtauchen. Raum und Zeit degradiere ich zur Nebensächlichkeit. Ich öffne mich und hoffe, dass mein Gegenüber ebenso handelt. Wenn die Maskerade der Macht- und Profilneurosen fällt, ein scheues Reh zum selbstbewussten Tiger wird und die Liebe Einzug hält, dann ergibt es ein beidseitiges Nehmen und Geben ohne Forderungen und Verbindlichkeiten. Die gegenseitige Annahme und

Wertschätzung lässt vorurteilslos neue oder andere Blickrichtungen ins Ich passieren. Dort angekommen werden sie mit Wohlwollen empfangen und betrachtet. Ein Teil beginnt nachhaltigen Einfluss auf das eigene Leben zu nehmen. Am Ende folgt eine tiefe Dankbarkeit gegenüber meinem Gesprächspartner und Dir. Derartige intensive Dialoge wünsche ich mir selbstverständlich auch in Bezug auf die gesellschaftlichen, politischen und wirtschaftlichen Entwicklungen und zwar von lokal bis global. Besonders von Nöten sind sie innerhalb und zwischen den Konfessionen und Religionen. Viel zu lange schon existiert für mich das nicht enden wollende Herausstellen von Unterschieden. Es hat bislang nichts gebracht. Außerdem wurde das uns von Dir nicht aufgetragen. Deinem Bitten wird es überhaupt nicht gerecht. Ich sehe darin einen eklatanten, auf unabsehbare Zeit hinaus nicht zu behebenden Fehler. Wahrhaft religiös motivierte Menschen dürfen sich nicht an Differenzen orientieren. Auch ich muss mich hier an die eigene Nase fassen. Reine Profilsuche bedeutet Rückzug ins Schneckenhaus. Die Gemeinsamkeiten müssen unbedingt so schnell wie möglich herausgestellt und praktiziert werden. Nicht gestern und morgen sondern heute wird der Grundstein gelegt. Jetzt ist die Zeit, jetzt ist die Stunde heute wird getan oder auch vertan worauf es ankommt, wenn Du kommst. Jesus, wir brauchen den interreligiösen Dialog mit allen Menschen, die guten Willens sind. Nur sie sind imstande positive und nachhaltige Veränderungen herbeizuführen. Was wir nicht brauchen sind die in jeder Religion und Konfession gegenwärtigen fundamentalistischen Brandstifter und Demagogen. Sie berauben unter dem Deckmantel des Glaubens Menschen mit Absicht und Hinterlist der Freiheit und somit dem von Dir geschenkten freien Willen. Mittels ihrer eigenen nicht verarbeiteten Lebensängste und dem zwanghaften Festhalten an Gesetzen und Normen, vor deren plötzlichem Wegfall sie sich fürchten, weil er zu einem desaströsen Zusammenbruch führen kann, bedrohen und manipulieren sie ihre Schäfchen, die sie zu willenlosen Herdentieren degradieren. Solche Pseudohirten befinden sich im Endeffekt auf der Ebene von Sexualstraftätern, denen es um nichts anderes geht als um Macht, Dominanz und Kontrolle. Ihre gutgläubigen Opfer befolgen unzensiert die Parolen, richten ihr Leben danach aus und verlieren meist unbewusst ihr Ich. Dein Heil wird nicht spürbar. Die Gewinnchancen sind also äußerst gering, wenn du nicht immer wieder maßgeblich in die Vita des Einzelnen eingreifst. Ich kann das ohne jeden Zweifel schreiben, weil Du bei mir interveniert hast. Eins sein bedeutet nicht, permanent und bedingungslos gehorsam im Gleichschritt zu marschieren. Eins sein heißt, im Bewusstsein deiner Nähe und dem Spüren Deiner Liebe individuelle Wege der Selbstfindung zu gehen – Verlaufen, Verirren, Umkehr und Neuorientierung sind übrigens inbegriffen – bis Du mit offenen Armen am Endpunkt stehst. Jeder, der sich auf den Weg der Liebe begibt, wird die Vollendung mit Dir und dem Vater finden. Darauf vertraue ich.

Dein Freund Jürgen

Entscheide Dich!

Lieber Jürgen,
bedenke: Wer nicht für mich ist, der ist gegen mich; wer nicht mit mir sammelt, der zerstreut.
Dein Freund Jesus (Vgl. Lk 11,23)

Mein Freund Jesus,
ein sehr kurzer Brief von Dir, der in mir einen längeren Widerhall auslöst. Deine Worte kommen zur rechten Zeit. Denn wieder erlebe ich in den Pfarreien ratlose, nach Antworten suchende Christen, die sich noch keine intensiven Gedanken über Glauben oder Unglauben der Gemeindemitglieder gemacht haben. Du kennst die Ursachen samt ihrer Auswüchse der jeweiligen Gegenwart und lässt mich entsprechend meiner von Dir geschenkten Auffassungsgabe schrittweise daran Teil haben. Eines will ich mir bei meinem Wirken jeden Tag aus Neue ins Gedächtnis rufen: Ich sammle nicht allein, Du sammelst mit mir. Deshalb will ich nicht zerstreuen, keine Blockaden hervorrufen oder Resignation erzeugen. Konflikte schließe ich aber nicht aus. Du weißt, ich mag keine Weicheierei. Gib mir trotzdem die Fähigkeit immer nach Deinem Willen ausgerichtete, nachhallende Impulse zu setzen. Du hast mich nicht in die Welt gesandt, dass ich mich einem schleichenden Sozialismus hingebe. Zu der Spezies, die nur ihren Dienst nach Vorschrift versehen, Verantwortung scheuen und ängstlich in die Zukunft blicken, weil sie sich vor lauter Trägheit und Angst vor dem Neuen nicht mit der Gegenwart und der Ursachenforschung auseinandersetzen wollen, gehöre ich nicht. Wenn das eintritt, dann sorge dafür, dass ich meinen Dienst quittiere. Falls sich niemand von mir motivieren lässt oder keiner mit mir zu neuen Ufern aufbrechen will, dann schenke mir die Kraft und Ausdauer

eine Zeit lang alleine zu gehen. So wie ich beim Laufen immer wieder neue Impulse für mein Denken, Fühlen und Handeln erhalte und neugierig neue Wege erkunde, so wünsche ich mir es auch für meinen Dienst. Ich will, ohne Gewissensbisse oder krankhafte Zwänge zu erzeugen, aus meinem tiefsten Inneren heraus Deine Frohe Botschaft weitergeben. Dafür hast Du mir von 1964 an für einen bestimmten Zeitraum mein Leben geschenkt. Ein Text aus dem Alten Testament, die Berufung des Propheten Jeremia, die ich daraus entnommen habe, unterstreicht auch meine Bestimmung: Dein Wort, Jesus, erging an mich: „Noch ehe ich dich im Mutterleib formte, habe ich dich ausersehen. Zum meinem Frohbotschafter habe ich dich bestimmt. Wohin ich dich auch sende, dahin sollst du gehen, und was ich dir auftrage, das sollst du verkünden. Fürchte dich nicht vor ihnen! Denn ich bin mit dir, um dich zu retten. Hiermit lege ich meine Worte in deinen Mund. Gürte dich, tritt vor sie hin, und verkünde ihnen alles, was ich dir auftrage. Mögen sie dich bekämpfen, sie werden dich nicht bezwingen; denn ich bin mit dir, um dich zu retten. Verdammt ja, dieses Gefühl steckt in mir, treibt mich an. Lässt mich die Hand zur Faust ballen. Auf geht´s Jürgen! Ich bin nicht für die kuschelweiche Animation geschweige denn für das Schweben auf rosa Wolken. Wenn es um Dich geht, Jesus, dann gibt es kein Jein. Ich bin absolut für Dich, wie Du schon im Moment meiner Zeugung für mich warst. Und so bist Du für jeden Menschen, der bereit ist, Dir nachzufolgen.

Dein Freund Jürgen

Single um des Himmelreiches willen

Lieber Jürgen,
manche sind von Geburt an zur Ehe unfähig, manche sind von den Menschen dazu gemacht, und manche haben sich selbst dazu gemacht – um des Himmelreiches willen.
Dein Freund Jesus (Mt 19, 12)

Mein Freund Jesus,
eines gleich vorne weg: Ich will den Zölibat nicht verunglimpfen oder vehement dessen Aufhebung einfordern. Da kann ich gleich wie Don Quichote gegen Windmühlen ankämpfen. Außerdem wird das, was nicht in Deinem Sinne ist, auf Dauer keinen Bestand haben. Was ich will, ist Tatsachen schaffen. Eines steht fest, der von Dir persönlich berufene Petrus war verheiratet. Du hast seine Schwiegermutter vom Fieber geheilt. Paulus schreibt in seinen Briefen an Timotheus, dass Bischof und Diakon verheiratet sein sollen. Wenn es so geschrieben steht und in vielen anderen Situationen die Hl. Schrift als die ultima ratio angesehen wird, warum wird dann das Gegenteil davon getan? Und Du? Du schränkst selbst den Teil derer ein, die dazu in der Lage sind und sprichst in Deinem Brief davon. Ich widerspreche den Aussagen nicht. Wer aus sich selbst heraus ehelos leben will, der soll nach dieser Auffassung leben. Nur die gängige Praxis sieht anders aus. Es gibt eine gewisse Anzahl von Priestern, die in puncto Ehelosigkeit den Schein wahren. Mir steht es fern sie zu verurteilen. Ich bitte Sie nur darum, dass sie sich zu ihrer Partnerschaft und den gezeugten Kindern bekennen. Im Gegensatz zu den übrigen Männern, die sich auf und davon machen und ihre Unterhaltsleistungen verweigern, können sie doch ihre Verantwortung übernehmen, sich liebevoll um Frau und Kinder kümmern. Dass sie ihr

Priesteramt weiter ausüben können, zeigt mir der nicht nachvollziehbare Usus, dass verheiratete evangelische Pfarrer, die zur katholischen Kirche übergetreten sind, zum katholischen Priester geweiht werden und ihre eheliche Gemeinschaft fortsetzen dürfen. Deswegen halte ich es für doppelzüngig, eisern auf die Ehelosigkeit eines Priesters zu beharren und trotzdem Ausnahmen zuzulassen. Jesus, wenn es einem Konvertiten erlaubt ist, dann kann es doch mir nicht verwehrt werden. So jedenfalls kann der Zölibat nicht von Dir gedacht sein. Entweder er ist für alle bindend oder es wird einem freigestellt, wie er sich entscheidet: Für die Ehelosigkeit oder die eheliche Gemeinschaft. Und für die Sakramentenspendung spielt das ebenfalls keine Rolle. Also weg mit der widerlegten Theorie, hinein in die Praxis. Dir nachfolgen, Dich zu repräsentieren, kann doch nicht vom Familienstand abhängig sein. Selbstverständlich kann ich mich von morgens bis abends mit Arbeit betrinken und meine Gefühlswelt erkalten lassen. Nur wie lange geht das gut? Alkoholismus, Burnout, Depressionen, Psychopharmaka davor sind auch Priester nicht gefeit. Als letzten Rettungsanker geht's ab ins Recollectiohaus nach Münsterschwarzach. Die scheinbaren Gegenargumentationen wie die möglichen Problematiken einer Ehe, die Arbeitszeit, die besonderen Anforderungen des Berufes sind nichts anderes wie verzweifelte Versuche gegen die von Dir geschaffenen personalen Gegebenheiten anzugehen. Für mich gibt es kein einziges Argument für den Pflichtzölibat. Im Gegenteil! Um so länger ich im kirchlichen Dienst bin und um so intensiver ich mich damit auseinandersetze, umso vehementer bin ich für eine freiwillig getroffene Entscheidung zu einem bestimmten Zeitpunkt der Ausbildung. Außerdem, Jesus, wünsche ich mir, dass Du durch die Kraft des Heiligen Geistes, einen Tag der Amnestie erwirkst, in der Priester ihre eheähnlichen Verbindungen samt den gezeugten Kindern ihrem Bischof kund tun, geordnete Verhältnisse schaffen und weiter Priester bleiben können. In dieser Beziehung kann die katholische Kirche auf die großen Erfahrungswerte der lutherischen Kirche und der orthodoxen Kirche zurückgreifen. Wie sich dann die Zahl der Interessenten für das Priesteramt entwickeln, ist mir eigentlich egal. Ich gehe von einer positiven Wirkung aus. Ich will nur, dass wenigstens in meiner Kirche Wahrheit und Wahrhaftigkeit vorherrschen und wir uns gegenseitig keinen siebten Himmel vorgaukeln. Ich hasse Schweinwelten. Das Pseudoargument, dass es auch in der Kirche menschelt, kann ich nicht mehr hören. Für uns muss ein anderer Anspruch gelten. Ich nehme mich davon nicht aus.

Dein Freund Jürgen

Jeder ist eingeladen

Lieber Jürgen,

zur Abwechslung wieder einmal ein Gleichnis. Mit dem Himmelreich ist es wie mit einem König, der die Hochzeit seines Sohnes vorbereitete. Er schickte seine Diener, um die eingeladenen Gäste zur Hochzeit rufen zu lassen. Sie aber wollten nicht kommen. Da schickte er noch einmal Diener und trug ihnen auf: Sagt den Eingeladenen: Mein Mahl ist fertig, die Ochsen und das Mastvieh sind geschlachtet, alles ist bereit. Kommt zur Hochzeit! Sie aber kümmerten sich nicht darum, sondern der eine ging auf seinen Acker, der andere in seinen Laden, wieder andere fielen über seine Diener her, misshandelten sie und brachten sie um. Da wurde der König zornig; er schickte seine Heere, ließ die Mörder vernichten und ihre Stadt zündete er an. Dann sagte er zu seinen Dienern: Die Hochzeit ist zwar bereitet, aber die Gerufenen waren nicht würdig eingeladen zu werden. Geht nun also an die Straßenkreuzungen und ladet alle, die ihr trefft, zur Hochzeit ein. Die Diener gingen auf die Straßen hinaus und holten alle zusammen, die sie trafen, Böse und Gute, und der Festsaal füllte sich mit Gästen. Als sie sich gesetzt hatten und der König eintrat, um sich die Gäste anzusehen, bemerkte er unter ihnen einen Mann, der kein Hochzeitsgewand anhatte. Er sagte zu ihm: Mein Freund, wie konntest du hier ohne Hochzeitsgewand erscheinen? Darauf wusste der Mann nichts zu sagen. Da befahl der König seinen Dienern: Bindet ihm Hände und Füße, und werft ihn hinaus in die äußerste Finsternis! Dort wird er heulen und mit den Zähnen knirschen. Denn viele sind gerufen, aber nur wenige auserwählt.

Dein Freund Jesus (vgl. Mt 22, 1 – 10)

Mein Freund Jesus,

stell Dir vor: Jeder ist eingeladen und keiner kommt. Dein Vater kann es nicht glauben, meint sich verhört zu haben. Geduldig wie er nun einmal ist, schickt er seine Diener wieder los, dieses Mal mit mehr Nachdruck. Es kommt schon einer nicht abzuschlagenden Aufforderung gleich. Das Ergebnis ist niederschmetternd. Es zeigt sich die ganze Bandbreite einer Gesellschaft: von der Geschäftigkeit bis hin zum Mord, von der Beliebigkeit bis hin zu Zornesausbrüchen. Das ist die eine Seite der Medaille. Durch Dich habe ich gelernt auch noch einen anderen Blickwinkel einzunehmen. Ich stelle nämlich fest: Niemandem aus der Dienerschaft ist es gelungen die Gerufenen zu überzeugen, unbedingt bei diesem Hochzeitsmahl dabei sein zu müssen. Und hier sehe ich einen bisher nicht in den Fokus genommenen Knackpunkt. Wir haben es als Deine Diener versäumt, von unserem Vertrauen in Dich ein motivierendes Zeugnis abzugeben. Statt dessen vernehme ich Einladungen, die ein Gemenge aus Angst, Drohgebärde und irgendwelchen manipulativen Einfällen enthalten. Klar, dass sich Menschen nicht angesprochen fühlen und diese Einladung einer irdischen Wertung unterziehen. Wie kann ich dem entgegenwirken? Die Quintessenz Deines Briefes liefert den Ansatzpunkt: Jeder ist eingeladen. Für mich als Dein Diener heißt es: Ich habe nicht das Recht einen Menschen auszuschließen. Keinem der Diener steht es zu selektieren. Mein Auftrag lautet also: Jeden Menschen, dem ich begegne zu Deiner Feier zu bringen. Die, die kommen, sollten aber etwas wissen: Wenn sie kommen, dann nicht aus Neugierde sondern aus innerster Freude mit der Bereitschaft sich mit Deiner Gegenwart beschenken zu lassen. Wer es nicht will, wird von dem Hochzeitsmahl auch nichts haben. Du merkst ganz genau, wenn das äußere Erscheinungsbild nicht mit der inneren Haltung übereinstimmt. Die Vorspiegelung falscher Tatsachen reicht von der belehrenden Schauspielerei, über das intolerante Verhalten hinsichtlich der Dauer der Feier, bis hin zur anerzogenen und selbstauferlegten

Selbstverweigerung überhaupt einen Bissen zu essen. Wenn ich so ein Verhalten an den Tag lege, dann fessele ich mich selbst. Ich verwehre mir selbst Deine Heilszusage und ich werde so nie ein Leben in Freiheit und Fülle führen können, sondern eingeengt von Gewissensbissen, Wehmut und Aggression dahinvegetieren.

Dein Freund Jürgen

Fasten zwischen Kommerz und Askese

Lieber Jürgen,

wenn Du heute zu fasten beginnst, mach mir zu Liebe bitte kein finsteres Gesicht wie die Heuchler. Sie geben sich ein trübseliges Aussehen, damit die Leute merken, dass sie fasten. Amen, ich sage Dir: Sie haben ihren Lohn bereits erhalten. Du aber salbe Dein Haar, wenn Du fastest, und wasche Dein Gesicht, damit die Leute nicht merken, dass Du fastest, sondern nur Dein Vater, der auch das Verborgene sieht; und Dein Vater, der das Verborgene sieht, wird es Dir vergelten. Jürgen, nimm Dir nicht zu viel vor. Versuche es in kleinen Schritten.

Dein Freund Jesus (Vgl. Mt 6, 16 – 23)

Mein Freund Jesus,

unzählige überflüssige Diäten, von Klopapier und Kohlsuppe essenden Persönlichkeiten entwickelt, suggerieren mir wie ich in wenigen Tagen viel abnehmen kann. Das durch Computeranimation zusätzlich noch dürrer gemachte, als es eh schon ist, Modell gibt mir die utopische Richtschnur vor an Hand von Äußerlichkeiten gnadenlos zensiert zu werden. Wer dem entspricht, der vermehrt seine Chancen, erfolgreich zu sein. Verbissen kämpfen westliche Wohlstandskinder, trotz Zwangsernährung in den Fastfoodtempeln, um ein paar Gramm weniger beim Wiegen. Während sich auf der anderen Seite die Verliererkinder ein paar Gramm mehr wünschen, damit sie nicht bereits in jungen Jahren sterben müssen. Quo vademus, domine? (Wo gehen wir hin, Herr?). Wer ein Leben lang schlank sein will, muss lebenslänglich fasten. Eine grauenvolle Vorstellung für die Nahrungsmittelindustrie und auch für mich. Zeit sich also damit zu befassen, was aus meiner Sicht Dein Ansinnen in Bezug auf Fasten ist. Nicht die

Pfunde gilt es purzeln zu lassen, das ist nicht mehr als ein positiver Nebeneffekt. Du willst, dass ich meine Freiheit wieder finde. So entschließe ich mich, aus innerer Bereitschaft, völlig zwanglos über einen bestimmten Zeitraum hinweg auf etwas zu verzichten, um zu erkennen wie abhängig ich als Mensch beispielsweise von materiellen, medialen Dingen oder Nahrungsmitteln bin. Andererseits kann ich Verzicht üben, um meine Bedürfnisse neu zu ordnen, und den eigentlichen Lebenssituationen die entsprechende Aufmerksamkeit schenken. So erarbeite ich im Religionsunterricht in allen Jahrgangsstufen gerne andere Möglichkeiten des Fastens. Hierfür erhalten sie ein Kreuz auf dem verschiedene Symbole aufgezeichnet sind: Auge, Ohr, verschlossener Mund, ausgestreckte Hand, ein Paar Fußabdrücke und im Schnittpunkt zwischen Längs- und Querbalken ein Herz. Die Schüler erkennen im Laufe der Zeit: Fasten bedeutet nicht nur Verzicht, sondern zieht positive Aspekte nach sich. Das Auge kann für genaueres Hinsehen stehen, was in Bezug zur Schöpfung auf unserem Planeten alles verkehrt läuft oder einen abgelehnten Mitschüler positiv anschauen. Mit dem Ohr nehme ich mir vor, genauer hinzuhören, wenn sich jemand mit mir unterhält, ihm jetzt die Aufmerksamkeit schenken und nicht während des Gesprächs beispielsweise SMS versenden. Der verschlossene Mund ruft mich dazu auf, nicht ständig zu reden und von mir zu erzählen, was ich für ein wahnsinnig toller Kerl bin, sondern Stille auszuhalten. Die ausgestreckte Hand sagt mir: Ich muss nicht immer nur Geld spenden. Eine zärtliche Berührung ist auch ein Geben. Die Fußabdrücke verweisen darauf hinaus in die Natur zu gehen und dabei zu staunen, wie sich alles ineinander fügt. Das Herz schließlich fordert auf, ein Mehr an Liebe zu geben, damit der Hass, die Gewalt, die Zerstörung und die Wurstigkeit Dir gegenüber, den Mitmenschen, der Schöpfung und sich selbst im wahrsten Sinne des Wortes abnehmen. Und all das kann ich während des gesamten Jahres über umsetzen. Advents- und vorösterliche Fastenzeit sind deswegen nicht überflüssig. Sie können ein zusätzlicher Anstoß sein, sich über einen klar überschaubaren Zeitraum in eine tiefere Lebensweise einzuüben. Jeder Tag ist hierfür ein neuer Anfang. Ich lasse mich nicht entmutigen, wenn es mir nicht gelingt oder zwischenzeitlich misslingt. Ich rede mir kein schlechtes Gewissen ein. Sondern ich gehe liebevoll mit mir um, probiere es immer wieder und vertraue dabei auf Dich. Denn schließlich forderst Du mich in Deinem Brief auf, mich nicht gehen zu lassen. Du willst, dass ich mich weiterhin hege und pflege und eine von innen nach außen spürbare positive Ausstrahlung habe. Sie gelingt nur, wenn ich Fasten nicht als lästige Pflicht ansehe, sondern ich bewusst diesen Weg gehen will. Danke für diese Sichtweise!

Dein Freund Jürgen

Fußwaschung

Lieber Jürgen,

erinnerst Du Dich an unser Essen vergangenes Jahr an Gründonnerstag? Ich verlangte von der Bedienung ein Leinentuch und eine Schüssel mit Wasser. Nachdem sie das gebracht hatte, bat ich Dich: „Zieh Deine Schuhe und Socken aus! Ich will Dir die Füße waschen." Du sagtest zu mir: „Du, Jesus, du, willst mir hier die Füße waschen? Kommt nicht in Frage." Ich antwortete Dir: „Was ich tue, verstehst Du jetzt noch nicht; doch später wirst Du es begreifen. Wenn ich Dir nicht die Füße wasche, hast du keinen Anteil an mir." Du sagtest zu mir: „Jesus, dann nicht nur meine Füße, sondern auch die Hände und das Haupt." Ich sagte zu Dir: „Wer vom Bad kommt, ist ganz rein und braucht sich nur noch die Füße zu waschen." Als ich Dir die Füße gewaschen und Platz genommen hatte, sagte ich zu Dir: „Jürgen, begreifst du, was ich an Dir getan habe? Du sagst zu mir Freund und Herr, und Du nennst mich mit Recht so; denn ich bin es. Wenn nun ich Dir die Füße gewaschen habe, dann musst auch Du anderen die Füße waschen. Ich habe dir ein Beispiel gegeben, damit auch Du so handelst, wie ich an Dir gehandelt habe. Amen, amen, ich sage Dir: Der Sklave ist nicht größer als sein Herr, und der Abgesandte ist nicht größer als der, der ihn gesandt hat. Selig bist du, wenn du das weißt und danach handelst. Amen, amen, ich sage Dir: Wer einen aufnimmt, den ich sende, nimmt mich auf; Wer aber mich aufnimmt, nimmt den auf, der mich gesandt hat. Schreibe mir von Deinen Eindrücken, Gefühlen und Gedanken an diesem Festtag!

Dein Freund Jesus (vgl. Joh 13 ,1 – 20)

Mein Freund Jesus,

ich habe mir heute den ganzen Vormittag Zeit genommen, um mir diese Situation zu vergegenwärtigen. Eigentlich, Jesus, waren wir nur zum Essen verabredet. An den Gründonnerstag habe ich überhaupt nicht gedacht. Der orientalisch anmutende Kellner hat ganz schön die Augen herausgedreht, wie Du bei der Aufnahme der Bestellung um eine Schüssel, eine Karaffe Wasser und ein Leinentuch batest. Trotzdem stellte er die Utensilien bereit. Ich zog meine Schuhe und Socken aus und Du begannst mir die Füße zu waschen. Ich habe Dir ganz bewusst zuerst den Linken hingehalten, den mit der Arthrose am Fußgelenk. Seit dem habe ich selbst beim anstrengendstem Laufprogramm keinerlei Beschwerden mehr. In der Wirtsstube wurde es ganz still. Alle Augen waren auf uns beide gerichtet. Meine Gefühlswelt schwankte von gnadenlos peinlich bis ins Tiefste berührt. Zwischendurch konnte ich mir ein Lachen nicht verkneifen, weil meine Fußsohlen ein Bereich sind, an dem ich unheimlich kitzelig bin. Ich danke dir, dass Du versucht hast, die Situation etwas aufzulockern, in dem Du liebevoll mitgelacht hast. Schade, dass Du in der Kunstwerken immer so eine Leidensmiene aufgesetzt bekommst. Wenn ich malen könnte, würde ich Dich stets mit einem liebevollen Lächeln zeichnen. Mit Dir befreundet zu sein, bedeutet, die ungewöhnlichsten Sachen zu erleben. Sichtlich gehemmt habe ich dann versucht, Deinen Auftrag, den anderen die Füße zu waschen, in die Tat umzusetzen. Das Ergebnis war ebenso ernüchternd wie der Versuch mancher Priester, es dir im Gottesdienst am Gründonnerstag gleich zu tun. Nur der Kellner willigte nach einigem Zögern ein. Nebenbei vernahm ich die Reaktionen der übrigen Gäste: Kopfschütteln, Schulterzucken und die Frage nach der versteckten Kamera. In der antiken Welt war die Fußwaschung eine Selbstverständlichkeit. Es war Aufgabe der Sklaven, die Füße nach Wunden zu untersuchen und sie mit Öl einzureiben, um sie zu heilen. Diesen Dienst vollzogst Du an mir. Du beugtest Dich dort hinab, wo buchstäblich der Schmutz am größten ist. Im übertragenen Sinn heiltest Du mich an den Stellen, an denen ich mich selbst nicht annehmen kann. Ich weiß, ich brauche meinen Schmutz nicht vor Dir zu verbergen oder mich dessen zu schämen. So ließ und lasse ich Dein Heilshandeln an mir geschehen. Weil Du, um mein immer grenzenloser werdendes Vertrauen weißt, beauftragst Du mich ebenso liebevoll zu handeln. Mir geht dabei auf: So ablehnend wie Petrus und ich anfangs auf Dein Ansinnen reagiert haben, werden es auch die Menschen tun, die Du zu mir sendest. Ich weiß, nicht jeder wird mir seine Wunden offenbaren und ich kann auch nicht jede Wunde heilen. Trotzdem will ich nichts unversucht lassen. Ich werde und will mich immer wieder anbieten. Denn ich habe seit diesem gemeinsamen Mahl Anteil an Dir.

Dein Freund Jürgen

Die vierseitige Wahrheit

Lieber Jürgen,

nach meiner Gefangennahme und der Vernehmung vor dem Hoherpriester Kajaphas brachten sie mich zum Amtssitz des römischen Prokurators, dem Prätorium. Es war früh am Morgen. Sie selbst gingen nicht in das Gebäude hinein, um nicht unrein zu werden, sondern das Paschalamm essen zu können. Deshalb kam Pilatus zu uns heraus und fragte: Welche Anklage erhebt ihr gegen diesen Menschen? Sie antworteten ihm: Wenn er kein Übeltäter wäre, hätten wir ihn dir nicht ausgeliefert. Pilatus sagte zu ihnen: Nehmt ihr ihn doch, und richtet ihn nach eurem Gesetz! Die Juden antworteten ihm: Uns ist es nicht gestattet, jemand hinzurichten. So sollte sich mein Wort erfüllen, mit dem ich angedeutet hatte, auf welche Weise ich sterben werde. Pilatus ging wieder in das Prätorium hinein, ließ mich rufen und fragte mich: Bist du der König der Juden? Ich antwortete: Sagst du das von dir aus, oder haben es dir andere über mich gesagt? Pilatus entgegnete: Bin ich denn ein Jude? Dein eigenes Volk und die Hohenpriester haben dich an mich ausgeliefert. Was hast du getan? Ich antwortete: Mein Königtum ist nicht von dieser Welt. Wenn es von dieser Welt wäre, würden meine Leute kämpfen, damit ich den Juden nicht ausgeliefert werde. Aber mein Königtum ist nicht von hier. Pilatus sagte zu mir: Also bist du doch ein König? Ich antwortete: Du sagst es, ich bin ein König. Ich bin dazu geboren und dazu in die Welt gekommen, dass ich für die Wahrheit Zeugnis ablege. Jeder, der aus der Wahrheit ist, hört auf meine Stimme. Pilatus sagte zu mir: Was ist Wahrheit? Diese Frage, lieber Jürgen, gebe ich heute an Dich weiter.

Dein Freund Jesus (vgl. Joh 18, 28 – 38)

Mein Freund Jesus,

diese Frage will ich nicht unbeantwortet lassen. Bitte sehe mir nach, dass ich sie nicht umfassend beantworten kann. Denn darüber haben sich schon viel klügere Köpfe das Gehirn zermartert. Ich kann mich dem Thema auf unterschiedliche Weise nähern, nämlich von der Wahrheit der letzten Dinge, die uns von Dir anvertraut wurden oder von den 4 Richtungen, in die die beiden Kreuzbalken zeigen. Die rechte Seite des Querbalkens bezieht sich auf mich. Ich stelle mir die Fragen: Bin ich eigentlich ehrlich zu mir? Kann ich mich realistisch einschätzen? Was schiebe ich einfach ins Unterbewusstsein ab, weil ich mich nicht damit auseinandersetzen will? Was will ich eigentlich? Mir geht es um Zielsetzungen, positive Charaktereigenschaften und Lebensqualität. Ich beabsichtige nicht die Karriereleiter hoch zu stolpern. Mein Heil hängt nicht vom Materialismus ab. Ich saufe mir nichts schön, ich flüchte mich nicht in eine Traumwelt und baue dabei ein Kartenhaus, dass durch einen Windhauch zusammenstürzt. Ich will aus meinem Innersten heraus wirken, ohne nach Aufmerksamkeit zu heischen. Ich will authentisch mein Vertrauen in Dich vorleben. Schließlich habe ich als Christ eine Vorbildfunktion, die ihre Motivation nicht aus diskussionswürdigen Traditionen oder Normen schöpft. Sie fallen über kurz oder lang der Vergänglichkeit anheim, weil sie den gesellschaftlichen und politischen Veränderungen unterliegen. Es bleibt einzig die bedingungslose Liebe, die zu aller erst ein sich stetig steigerndes Selbstwertgefühl zur Folge haben muss, was jenseits jeglicher Überheblichkeit und Selbstüberschätzung liegt. Diese Einstellung ist für die linke Seite des Querbalkens notwendig: Ohne Stolz, ohne Hochmut auf den Nächsten zugehen, ohne die soziologischen Veränderungen außer acht zu lassen. Gesellschaft verändert sich nun einmal! Dem gilt es Rechnung zu tragen. Ich kann der individuellen Pluralisierung nicht mit einem imperativen Gemeinsinn entgegentreten. Das wird zu einem erfolglosen Unterfangen. Auch auf das Pflichtbewusstsein zu pochen oder mit dem schlechten Gewissen zu argumentieren verändert die gesellschaftliche Situation nicht. Obwohl spätestens seit 1989 jeder Bürger dieses Landes wissen müsste, das Veränderungen nur gemeinschaftlich zu schaffen sind. Nur wenn sich Menschen solidarisieren, ein gemeinsames Ziel vor Augen haben, dann ist nichts unmöglich. Viele arbeiten gerne projektbezogen. Anfang und Ende sind bestimmt und absehbar. So bleibt für die individuellen Interessen genügend Zeit. Ehrenamtliche wollen gerne selbst bestimmen, was zu tun und was zu lassen ist. Schade, dass sich das noch nicht im Berufsleben durchgesetzt hat. Es wäre ein wichtiger Schritt zu sich selbst, wenn jeder eine eigene Meinung hätte und nicht dem Herdentrieb folgen würde. Projekt heißt für mich auch, dass sich jeder hundertprozentig einbringt und entsprechend einsetzt, um sich selbst als wertvoll für sich und andere zu entdecken. Das bewahrt vor dem zeitgeschichtlichen Trend des Wursttheismus. Das von mir kreierte Wort ist eine historische Tatsache und zeigt auf das untere Ende des Längsbalkens. Wursttheismus heißt, ich bin nicht einmal mir selbst verantwortlich. Ich tue, was ich will, meine Mitmenschen sind mir völlig egal. Für die negativen Veränderungen in der Natur bin ich nicht verantwortlich und der Dialog mit Dir geht mir am Hut vorbei. Und schon bin ich am oberen Ende des Balkens angelangt, bei Dir. Ich bin mir im Klaren, dass nur Du die Quelle bist und meinen Durst stillst. Aus diesem Bewusstsein heraus widersetze ich mich dem innerkirchlichen Heidentum, der Verwandlung der Dreifaltigkeit in eine Vierfaltigkeit, der religiösen Vermengung, die an der Bar der religiösen Weltanschauungen unzählige Cocktails anbietet, die zwar für kurzfristige Rauschzustände sorgen, aber den unausweichlichen Kater nicht verhindern. Der Wahrheit letzter Schluss bist Du, Jesus Christus, der Du in der absoluten Einheit mit dem Vater durch den Heiligen Geist lebst.

Dein Freund Jürgen

Todesstunde

Lieber Jürgen,

irdisch sterben muss jeder. Auch ich war davon nicht ausgenommen. Es war gegen 12 Uhr Mittag, als eine Finsternis über das ganze Land hereinbrach. Sie dauerte bis 15 Uhr. Die Sonne verdunkelte sich. Der Vorhang im Tempel riß mitten entzwei, und ich rief laut: Vater, in deine Hände lege ich meinen Geist. Nach diesen Worten hauchte ich den Geist aus.

Dein Freund Jesus (vgl. Lk 23, 44 – 46)

Mein Freund Jesus,

gestern hast Du mit Deinen Freunden noch das Paschamahl gefeiert. Auf dem Weg zum Ölberg haben Dir alle Jünger ihre Freundschaft bekundet, selbst wenn sie ihr Leben lassen müssten, wie es Petrus Dir gegenüber beteuert hat. Doch Du wusstest es schon vorher, dass sie ihr gegebenes Wort nicht halten werden. Zu groß ist die Angst. Ungeschminkt sagtest Du zu ihnen: Ihr alle werdet in dieser Nacht an mir Anstoß nehmen und zu Fall kommen. Sie haben Dich nach Deiner Verhaftung im Stich gelassen und sind davon gerannt. Wenn es um das eigene Leben geht, gerät ein so hochtrabendes Versprechen sehr schnell in Vergessenheit. Petrus, den Du zu Deinem Stellvertreter hier auf Erden erwählt hast, verleugnet Dich gleich drei Mal und das in kürzesten Abständen. Er will Dich nicht einmal gekannt haben. Judas, der sich um die finanziellen Abwicklungen eurer Gemeinschaft kümmerte, verrät Dich für 30 Silberstücke, die eine ungefähre Kaufkraft von 1500 € haben. Wie Geld das Wesen eines Menschen zerstören kann! Er besitzt die Unverfrorenheit, an Deiner Abschiedsfeier teilzunehmen. Scheinheilig stellt er Dir dabei die Frage, ob er Dich denn an die Juden ausliefern werde. Trotz Deiner knallharten Aussage, es wäre besser für ihn, er wäre nie geboren worden, lässt er sich nicht von seinem geplanten Verrat abbringen und verlässt vorzeitig das Paschamahl. Hatte Judas eigentlich eine reelle Chance sich anders zu entscheiden? Hatte er wirklich den freien Willen, der grundsätzlich jedem Menschen gegeben ist? War sein Verhalten doch vorherbestimmt? Und ich? Wie werde ich reagieren, wenn ich vielleicht in Todesgefahr zu meinem Glauben Stellung beziehen muss? Fragen über Fragen stellen sich mir. Jesus, ich bitte Dich um Antwort, spätestens wenn ich Dir von Angesicht zu Angesicht gegenüberstehe. Jedes Mal, wenn ich mich mit Deinem Leiden und Sterben auseinandersetze, transferiere ich das Geschehen in die heutige Zeit. Ich denke an einen Menschen, dem der Tod durch den elektrischen Stuhl, die Gaskammer oder die Giftspritze droht. Er wartet in einer kahlen und karg eingerichteten Zelle im Todestrakt auf einer Matratze sitzend auf das unabwendbare Lebensende. Dann wird er in den Raum der Hinrichtung geführt und muss, auf einer Liege festgezurrt, die Exekution über sich ergehen lassen. Jeder, der sich in diese Situation hineinversetzt, kann auch Deine Angst am Ölberg nachempfinden, wo sich der Schweiß wie ein Blutstrom über Deinen Körper ergoss. Bestimmt hattest Du eine trockene Kehle, Dein Puls raste, Dein Herz hämmerte, Deine Glieder zitterten wie Espenlaub. Einzig das inständige Gebet an den Vater spendete Dir etwas Trost. Deine von Dir erwählten Freunde schienen die Situation nicht einschätzen zu können. Wie sonst ist ihre Flucht zu erklären. Ich will mir diese grausame Hinrichtung, die eigentlich nur über Sklaven und Aufständische verhängt werden konnte, noch einmal vergegenwärtigen. Sie foltern Dich mit einer aus spitzen Metallstücken bestehenden Lederpeitsche, lassen Dich danach den Querbalken des Kreuzes zur Richtstätte Golgota schleppen, reichen Dir einen betäubenden Mischtrank aus saurem Wein und Myrrhe, den Du verweigerst. Sie nageln die Hände Deiner ausgebreiteten Arme am Querbalken an, ziehen Dich an einem senkrecht in die Erde gerammten Pfahl hoch und schlagen Dir einen Nagel in die überkreuzten

Füße. Nun hängst Du am Kreuz, fühlst Dich nicht nur von Deinen Freunden sondern auch von Deinem Vater schlichtweg verlassen und erstickst nach einem dreistündigen Todeskampf. Mit Verlaub, Jesus, meine Todesstunde stelle ich mir anders vor. Bei einer Lesung in der Augsburger Kressleßmühle habe ich das einmal vorgetragen. Da wollte ich vor dem Fernseher friedlich einschlafen. Das wäre zu schön um wahr zu sein! Aus heutiger Sicht bitte ich Dich darum, mich hier von Erden friedlich und mit einem Lächeln auf dem Mund gehen zu lassen und zwar dann, wenn es Deiner Meinung nach Zeit geworden ist. Eine Todesanzeige drückte das für mich treffend aus: Als Du sahst, dass der Weg zu lang, der Hügel für mich zu steil und das Atmen zu schwer wurde, legtest Du den Arm um mich und sagtest: Komm heim! Jesus, ich freue ich mich, an meinem Ostertag zu Dir nach Hause zu kommen.

Dein Freund Jürgen

Beten als ein ganzheitlicher Dialog

Lieber Jürgen,

wenn Du betest, dann verstelle Dich nicht. Stell Dich beim Gebet nicht deswegen zur Schau, nur damit Du von den Leuten gesehen wirst. Amen, das sage ich Dir: Dann hast Du Deinen Lohn bereits erhalten. Suche die Stille, die Abgeschiedenheit, wenn Du betest, und verschließe Dich für die Zeit der Außenwelt; dann bete zu Deinem Vater, der im Verborgenen ist. Dein Vater, der auch das Verborgene sieht, wird es Dir vergelten. Wenn Du betest, sollst Du nicht plappern wie die, die meinen, sie werden nur erhört, wenn sie viele Worte machen. Mache es nicht wie sie; denn Dein Vater weiß, was Du brauchst, noch ehe Du ihn bittest.

Dein Freund Jesus (Vgl. Mt 6, 5 – 9)

Mein Freund Jesus,

seit meiner Kindheit bete ich, entwicklungsbedingt, auf unterschiedliche Weise und manchmal mehr, manchmal weniger intensiv. Das Gebet, besser das Gespräch zwischen Dir und mir hat seine ganz eigene Geschichte. Du begleitest mich dabei und führst mich sorgsam, geduldig und barmherzig in eine Tiefe, die für mich bis vor einigen Jahren unvorstellbar war. Wie hat sich mein Gebetsleben eigentlich entwickelt? Lass es mich in gestraffter Form darstellen! Täglich regelmäßiges Beten – Früh und Abend, das Tischgebet, Sonn- und Feiertags auch nach dem Essen, gehörte ganz selbstverständlich zum Ritual in unserer Familie. „Wir müssen uns doch von den Rindviechern unterscheiden“, war ein häufig vorkommender Satz meines Vaters, wenn es um das Beten ging. Die Ironie der Geschichte ist, dass ich ihn im Religionsunterricht als Argumentationshilfe nutze. Zurück zu meiner Entwicklung! Mit Beginn der Pubertät ging mir das gewaltig auf den Geist. Lippenbekenntnisse überschreiten rasch das Haltbarkeitsdatum und werden wegen mangelnder Reflexion der Ablage im Unterbewusstsein zugeführt. Bis ich das „Vaterunser“ wie das „Gegrüßet seist du Maria“ mit ungefähr zwanzig wieder hervorgeholt habe. Ich untermauerte damit meine Bitten. Ich saß dabei der irrigen Meinung auf: Je länger eine Gebetseinheit, umso wirkungsvoller erweisen sie sich auch. So ein Krampf! Danke, dass du mich davon befreit hast! Es trat eine Änderung in der Zeit ein, als ich zwischen Dir und mir keine von Menschen gedachte, hierarchische Distanz mehr verspürte. Ich las noch ohne Korrektur frei formulierte Gebete und setzte mich mit dem Sinngehalt der erlernten Grundgebete auseinander. Außerdem begann ich mich mit eigenen Worten an Dich zu richten. Was mich erfüllte war, dass sie tief aus meinem Innersten entstammten. Doch damit nicht genug. Meine Worte minimierten sich auf unerklärliche Weise. Ich stellte einen Gleichklang von Atem und Geist her. Mir gelang still zu werden und still zu sein, um Dich in mir zu spüren. Das will ich täglich erreichen. Doch noch zu oft beherrscht mich die eigene Trägheit. Stressige Situationen, emotionale Konflikte und die anderen unzähligen durch den Kopf schießenden Gedanken lassen sich nicht so mir nichts dir nichts aus dem Kopf verbannen. So ertappe ich mich dabei, nach außen hin eine vertiefte Gebetshaltung einzunehmen und innerlich ein Gedankenchaos zu erleben. Eine innere Stimme mahnt mich: Jürgen lass die Schauspielerei. Ich weiß aber auch: Ich muss von meinem Hang zum Perfektionismus weg. Während der Exerzitien setze ich mich doch auch nicht unter Druck. Da erlebe ich die Gegenwart, in der du gegenwärtig bist. Ich fordere nichts. Ich empfange. Also was ist Beten eigentlich für mich? Beten ist kein einseitig von mir geführter Monolog. Ich sehe es als einen hingebungsvollen wortkargen Dialog. Du spürst meine tiefen Sehnsüchte. Ich brauche nichts in Worte zu fassen. Das ist allenfalls Selbsttherapie. Wirkliches Gebet bittet um nichts und dankt für nichts. Der zum Katholizismus übergetretene deutsche Barockdichter Angelus Silesius (1624 – 1677) schreibt: „Wer Gott um Gaben bitt, der ist gar übel dran. Er betet das Geschöpf und nicht den Schöpfer an.“ Und „Mensch, so du Gott noch pflegst für dies und das zu danken, bist du noch nicht versetzt aus deiner Schwachheit Schranken." Der Mystiker Meister Eckehart (1260 – 1327) sagt: „Dann wieder gibt es gute Leute, die hindern sich selber, indem sie zu viel haften an Reue und Buße (...) und bemühen sich nicht zu der lauteren Wahrheit zu kommen." Ich weiß, ich verwende bei diesem Thema ungewöhnlich viel Zitate. Fehlt es mir an Zustimmung von kompetenter Seite? Wer muss mich in meiner Auffassung noch bestätigen? Ich glaube, es liegt daran, weil ich selbst noch nicht genügend in dieses Schauen eingetaucht bin. Ich merke jedoch, dass Du bei mir einen nächsten Schritt auslöst, nämlich über die Fähigkeit vorwiegend im Liegen Körperteile von mir zu spüren, sogenannte eutonische Übungen. Du hast mich darauf über vier Jahrzehnte warten lassen. Der Satz klingt vorwurfsvoll. Deswegen schreibe ich ihn auch um. Du hast mich 40 Lebensjahre lang darauf vorbereitet. Im Moment des Neuen entsteht Unsicherheit, selbst wenn dieser Weg von Dir beabsichtigt ist. Denn Du hast mich in diese Richtung geführt und sie intensiv erfahren lassen, erst danach habe ich davon gelesen. Danke, mein Freund! Ich muss Dir und meinem Gespür viel mehr vertrauen! Übrigens bei all meinen Bestrebungen lasse ich von den Grundgebeten sowie von Vesper, Laudes, Angelus usw. nicht ab. Sie sind die sichere Anlegestelle für die mangelhaft bis ungenügend genutzten Zeiten, Dich subjektiv wahrzunehmen. Meine Ungeduld und mein Hang zur Perfektion, die es eigentlich gar nicht gibt, bedrängen mich. Ich will nicht hasten sondern jede Phase auskosten. Ich will für mich implizieren: Dein Wille, nicht meiner geschieht. Deine Vorsehung enthält das vorausschauende Ganze. Du lässt mich, ganz individuell auf mich zugeschnitten, daran teilhaben.

Dein Freund Jürgen

Die Verkündigung

Lieber Jürgen,

sechs Monate nach der Empfängnis Johannes des Täufers wurde der Engel Gabriel von meinem Vater in eine Stadt in Galiläa namens Nazaret zu einer Jungfrau gesandt. Ihr Name war Maria. Sie war mit einem Mann namens Josef verlobt, der aus dem Hause David stammte. Der Engel trat bei ihr ein und sagte: Freue dich, du Begnadete, der Herr ist mit dir. Sie erschrak über die Anrede und überlegte, was dieser Gruß zu bedeuten habe. Da sagte der Engel zu ihr: Fürchte dich nicht Maria, denn du hast bei Gott Gnade gefunden. Du wirst ein Kind empfangen, einen Sohn wirst du gebären, den sollst du den Namen Jesus geben. Er wird groß sein und Sohn des Höchsten genannt werden. Gott, der Herr, wird ihm den Thron seines Vaters David geben. Er wird über das Haus Jakob in Ewigkeit herrschen, und seine Herrschaft wird kein Ende haben. Maria sagte zu dem Engel: Wie soll das geschehen, da ich keine eheliche Beziehung zu einem Mann habe. Der Engel antwortete ihr: Der Heilige Geist wird über dich kommen, und die Kraft des Höchsten wird dich überschatten. Deshalb wird auch das Kind heilig und Sohn Gottes genannt werden. Auch Elisabeth, deine Verwandte, hat noch in ihrem Alter einen Sohn empfangen; obwohl sie als unfruchtbar galt, ist sie jetzt schon im sechsten Monat. Denn für Gott ist nichts unmöglich. Da sagte Maria: Ich bin die Magd des Herrn, mir geschehe, wie du gesagt hast. Danach verließ sie der Engel.

Dein Freund Jesus (vgl. Lk 1, 26 – 38)

Mein Freund Jesus,

wenn Deine Mutter „nein“ gesagt hätte, wäre uns vieles erspart geblieben. Das stammt nicht von mir sondern von einem Arzt. Als ich diese Aussage vernommen habe, war ich gleichzeitig sprachlos und fassungslos. Nachdem sich die emotionale Phase gelegt hatte, begann ich nachzudenken. Das Leben spielt sich nicht im Konjunktiv ab. Nicht alles, was Menschen sich vorstellen und wünschen, geschieht. Trotzdem gebe ich die Hoffnung nicht auf, dass der Medizinmann bis zum Ende seines irdischen Daseins in der Lage ist, seine Aussage in den Indikativ zu verwandeln, die da heißt: Weil Maria aus freiem Willen ja gesagt hat, wurden wir mit göttlicher Liebe beschenkt. Weil sie ja gesagt hat, bekommt unser Leben einen tieferen Sinn. Weil sie ja gesagt hat, wurdest Du, wahrer Gott, wahrer Mensch, mitten unter uns. Deshalb danke ich Deiner Mutter. Ich vergesse dabei nicht, dass alles letztendlich von Deinem Vater ausging und wer kann, dem absoluten gegenüber, der aus innerster Liebe handelt, schon „nein“ sagen. Der em. Papst Benedikt XVI. hat einmal gesagt: „Das einzig Übernatürliche an Deiner Menschwerdung war Deine Zeugung.“ Weil ich davon überzeugt bin und es für mich als nicht diskutierbar und somit absolut ansetze, glaube ich. Leider wird dieses Wunder in die Märchenschublade geschoben und verliert bei all dem heidnischen wie säkularisierten Zirkus, der während der Adventszeit schon beinahe exzessiv vollzogen wird, zusehends an Bedeutung. Nicht Deine Menschwerdung steht im Vordergrund sondern die Beleuchtung, der Glühweinrausch, die Plätzchen, die Ohrenkrebs verursachenden, weil dauerhaft gespielten Weihnachtslieder samt dem ominösen Weihnachtsmann. Und dann noch das einem Außerirdischen ähnlichen Christkind, das nichts mit Dir zu tun hat. Denn es hat Flügel und transportiert die Geschenke aus den Konsumtempeln ohne Versandkosten in die Wohnstuben der Menschen. Eine scheinbar säkularisierte und dem Fortschrittswahn verfallene Gesellschaft befindet sich an der oberflächlichsten aller Stufen, dem modernen Heidentum. Wenn ich das alles ins Kalkül ziehe, dann hat der eingangs erwähnte Arzt zumindest mit dem zweiten Teil seiner Aussage Recht. Es wäre uns vieles erspart geblieben, wenn endlich der Sinn Deiner Menschwerdung erkannt wird. Du bringst mir das Heil, in dem Du in meinem Leben spürbar ja fast greifbar mehr und mehr da bist, zu meinem Gegenüber wirst, der alle meine Wege begleitet. So bitte ich Dich: Komm, Jesus, zu jedem Menschen, in seine Freude und in sein Leid, in seine Gedanken, in seine Erkenntnisse, in seine Gefühle und vor allem in seine tiefsten Abgründe. Entzünde in mir das weihnachtliche Licht, damit meine Schatten weniger werden und ich immer mehr Liebe verschenken kann.

Dein Freund Jürgen

Menschwerdung

Lieber Jürgen,

mit meiner Geburt war es so: Maria, meine Mutter, war mit Josef verlobt; noch bevor sie miteinander Geschlechtsverkehr hatten, zeigte es sich, dass sie schwanger war – durch das Wirken des Heiligen Geistes. Weil ihr Mann Josef gerecht war und an Marias Ehrlichkeit glaubte, wollte er sie nicht bloß stellen. So beschloß er sich in aller Stille von ihr zu trennen. Während er noch darüber nachdachte, erschien ihm einer meiner Engel im Traum und sagte: Josef, Sohn Davids, fürchte dich nicht, Maria als deine Frau zu dir in dein Haus zu führen; denn das Kind, das sie erwartet, ist vom Heiligen Geist. Sie wird einen Sohn gebären; ihm sollst du den Namen Jesus geben; denn er wird sein Volk von seinen Sünden erlösen. Dies ist alles geschehen, damit sich erfüllte, was bereits der Prophet Jesaja gesagt hat: Seht die Jungfrau wird ein Kind empfangen, einen Sohn wird sie gebären, und man wird ihm den Namen Immanuel geben, das heißt übersetzt:Gott ist mit uns. Als Josef erwachte, tat er, was der Engel ihm aufgetragen hatte und nahm Maria zu sich. Er hatte mit ihr keinen Beischlaf, bis sie mich gebar. Und er gab mir den Namen Jesus.

Dein Freund Jesus (vgl. Mt 1, 18 – 25)

Mein Freund Jesus,

einfach scheint der Beginn der Beziehung zwischen Deiner leiblichen Mutter und Deinem auserkorenen Adoptivvater Josef nicht gewesen zu sein. Wer hätte auch Maria Glauben geschenkt? Niemand weder damals noch heute. Josef hat sich wie ein wahrer Gentleman benommen. Wenn ich mich in seine Situation hineinversetze, dann hätte ich aus rein menschlicher Sicht Maria den Laufpass gegeben. Ich stelle mir gerade vor, wie sich beide gegenüber sitzen und Maria dem Josef von ihrer Schwangerschaft erzählt. Es fällt ihr nicht leicht das auszusprechen. Josef ist bestürzt, stellt ihre Aussage in Frage, zieht sich zurück. Er grübelt und zaudert, ist in seiner Männlichkeit getroffen. Was soll ich tun? Ich kann, ich will nicht mit ihr zusammen bleiben. Nachts findet er kaum Schlaf, wälzt sich im Bett hin und her. Natürlich werde ich es nicht an die große Glocke hängen, dafür liebe ich sie zu sehr. Niemand soll davon erfahren. Wer würde ihr denn diese Geschichte glauben. Ich höre sie schon reden: Hure, Schlampe, der arme Josef. Im Buch Deuteronomium, Kapitel 22, Verse 23 – 24, steht wie mit so einer zu verfahren ist: „Wenn ein unberührtes Mädchen mit einem Mann verlobt ist und ein anderer Mann ihr in der Stadt begegnet und sich mit ihr hinlegt, dann sollt ihr beide zum Tor dieser Stadt führen. Ihr sollt sie steinigen und sie sollen sterben, das Mädchen, weil es in der Stadt nicht um Hilfe geschrien hat, und der Mann, weil er sich die Frau eines anderen gefügig gemacht hat.“ Und über all diesen Gedanken ist Josef dann wohl irgendwann eingeschlafen. Körper und Geist kommen zur Ruhe. Die Seele wird für das Eigentliche empfänglich. Im Traum begreift Josef das Wunder Deiner Zeugung. Es muss ihm so offenbar geworden sein, dass er Deine Mutter zu sich nimmt. Und es muss Liebe im Spiel gewesen sein. Denn eine Gemeinschaft, die nur der Fortpflanzung dient, verdorrt wie ein Baum dessen Wurzeln kein Wasser mehr bekommen. Außerdem kann eine reine Zweckgemeinschaft nicht in Deinem Sinne sein. Erst recht nicht, wenn es um Deine Menschwerdung geht. Die Liebe wird getragen von Vertrauen, tiefer Zuneigung, in die ich die Sexualität mit einbeziehe. Es braucht die Fähigkeit zur Offenheit und zum Tiefgang. Sie sind aus meiner Sicht die Voraussetzung für die positive Entwicklung eines Kindes. Und warum soll das bei Dir ausgerechnet anders verlaufen sein?

Dein Freund Jürgen

Sonntag für alle

Lieber Jürgen,

lies zunächst die folgende Begebenheit und dann lass Deinen Gedanken und Gefühlen freien Lauf! An einem Sabbat ging ich mit meinen Jüngern durch die Kornfelder. Unterwegs rissen sie Ähren ab. Da sagten die Pharisäer zu mir: Sieh dir an, was sie tun! Das ist doch am Sabbat verboten. Ich antwortete: Habt ihr nie gelesen, was David getan hat, als er und seine Begleiter hungrig waren und nichts zu essen hatten – wie er zur Zeit des Hohenpriesters Abjatar in das Haus Gottes ging und die heiligen Brote aß, die außer den Priestern niemand essen darf, und auch seinen Begleitern davon gab? Und ich fügte hinzu: Der Sabbat ist für den Menschen da, nicht der Mensch für den Sabbat. Deshalb ist der Menschensohn Herr auch über den Sabbat.

Dein Freund Jesus (vgl. Mk 2, 23 – 28)

Mein Freund Jesus,

es ist Sonntag und alle machen mit. Kein Auto fährt, die Tankstellen sind geschlossen. Alle öffentlichen Verkehrsmittel, vom Linienbus bis zum Passagierflugzeug, stehen still. Das Personal im Hotel- und Gaststättengewerbe hat frei. Rundfunk- und Fernsehsender senden nicht einmal Nachrichten und was noch viel besser ist, kein Werbespot läuft. Es finden keine Sport- und Kulturveranstaltungen statt. An den Fließbändern rührt sich nichts, selbst die Roboter üben Stillleben. Handys signalisieren keinen Empfang, auch die Hochleistungscomputer in den Rechenzentren stehen nicht einmal auf standby. Stadt-, Museums- und Kirchenführer bleiben zu Hause, selbst die Devotionalienhändler an den Wallfahrtsorten haben heute geschlossen. Eine Öffnung rentiert sich nicht, denn auch die sonst durch Wallfahrer zur Arbeit verdonnerten Busfahrer müssen heute nicht hinter dem Steuer sitzen. Und bei mir zu Hause wäscht die Nachbarschaft ihr Auto nicht, verzichtet der eine Nachbar auf das Rasenmähen und der andere Nachbar darauf, das Dach seines Carports zu decken. Und ich? Ich kaufe keine Sonntagsbrötchen und keine Sonntagszeitung. Telefon, Computer, Küchenherd, Waschmaschine und Bügeleisen bleiben aus. Selbst die Kirchenglocken rühren sich nicht. Trotzdem versammeln sich Menschen aus freien Stücken zum Gottesdienst, essen mittags die Vortags zubereiteten Speisen. Der Nachmittag dient der Siesta. Kinder entdecken, dass sich die Eltern auch mit ihnen beschäftigen wollen. Vater und Mutter können endlich miteinander reden. Abends brennen in den Häusern Kerzen. Viele gehen früh schlafen. Können solche Gedanken für die Diskussion um die Sonntagsarbeit hilfreich sein? Selbstverständlich besteht die Gefahr, dass solche in die Praxis umgesetzten Vorschläge zu einem verkopften Regelwerk verkommen und nicht zum Nutzen der Menschen gereichen. Trotzdem stufe ich sie ebenso nachdenkenswert ein wie folgenden Passus (Can. 1246 -1247) des Kirchenrechtes der katholischen Kirche heißt es: „Der Sonntag, an dem das österliche Geheimnis gefeiert wird, ist aus apostolischer Tradition in der ganzen Kirche als der gebotene ursprüngliche Feiertag zu halten. Am Sonntag und an den anderen gebotenen Feiertagen sind die Gläubigen zur Messfeier verpflichtet. Sie haben sich darüber hinaus jener Werke und Tätigkeiten zu enthalten, die den Gottesdienst, die dem Sonntag eigene Freude oder die Geist und Körper geschuldeten Erholung hindern." Ist das Einhalten der Sonntagspflicht angesichts der Tatsache, das an diesem Tag schon zwanzig Prozent der Beschäftigten arbeiten, das sind ungefähr 8 Millionen Bundesbürger, noch möglich? Können die Sonn- und Feiertage für die Arbeitsruhe und die seelische Erhebung gesetzlich geschützt bleiben, wie es unser Grundgesetz vorschreibt? Die Realität setzt mir ein klares Nein entgegen. Bereits 1956 werden durch das Ladenschlussgesetz Ausnahmen vom Verbot der Sonntagsarbeit gewährt. 1988 verlangen immer mehr

Unternehmen, dass ihre Anlagen zur besseren wirtschaftlichen Nutzung auch am Sonntag betrieben werden können. Der entschieden einfallsreichste Passus des novellierten Arbeitsgesetzes von 1994 verpflichtet die Aufsichtsbehörden zur Genehmigung von Sonntagsarbeit, wenn im Vergleich zum Ausland die Konkurrenzfähigkeit unzumutbar beeinträchtigt ist und durch die Genehmigung von Sonn- und Feiertagsarbeit die Beschäftigung gesichert werden kann. Sonntagsarbeit existiert zudem auch bei Sportveranstaltungen, Messen, Volksfesten, in der Gastronomie, in Schwimmbädern, Museen, Theatern, Kinos, Presse, Rundfunk, Krankenhäusern, bei der Polizei, der Feuerwehr, den Verkehrsbetrieben, in der Landwirtschaft und Energieversorgung.Auch Apotheken, Tankstellen, Bäckereien, Blumenläden, Zeitungskioske, Geschäfte für Reisebedarf auf Bahnhöfen und Flughäfen dürfen an Sonntagen geöffnet haben. Neun Bundesländer haben durch eigene Verordnungen die Ausnahmen für Sonntagsarbeit ausgeweitet. Darf der Sonntag, angesichts dieser für mich vorher kaum vorstellbaren Aufstellung, eigentlich noch Feiertag genannt werden? Ist er nicht schon zu einem Samstagsersatztag verkommen, weil am Samstag die Läden ja auch unbedingt bis 19 Uhr oder 20 Uhr geöffnet haben müssen? Wie sieht es in den Familien aus, wenn ein Elternteil oder auch ein Kind an diesem Tag generell arbeiten muss? Ich glaube nicht nur wir Christen verspüren das Bedürfnis, nach einer anstrengenden Arbeitswoche einen Ruhetag einzulegen. Sechs Tage Arbeit in der Woche sollten genug sein. Außerdem kann ich mir nicht vorstellen, dass der Handel, auf das gesamte Geschäftsjahr gesehen, mehr Waren umsetzt und sich der Personalbestand von festangestellten Kräften so erhöht, dass die Arbeitslosenzahlen spürbar sinken. Deshalb plädiere ich für eine klare Abgrenzung gegenüber einer pietätlosen liberalen Marktpolitik. Ein gemeinsamer freier Tag darf aus meiner Sicht nicht freiwillig aufgegeben werden. Bedeutet das Aufheben des Ladenschlussgesetzes mehr Freiheit für uns Menschen? Freiheit hat für mich eine tiefere Dimension als den Sonntag im Kaufhaus oder in überfüllten Fußgängerzonen zu verbringen. Steckt da der psychologische Trick des Herdentriebes dahinter? Ich sehe mich nicht als einen Bremser der sozialen Marktwirtschaft an. Verdient sie die Beifügung sozial überhaupt noch? Ich glaube, dass die immer extremer werdende Profitgier vernebelt den Blick auf unsere sozialen Verpflichtungen. Du hast mir bereits für viele Missstände die Augen geöffnet, lass mich zu deren Erhebung entscheidend beitragen! Sinnerfülltes Leben beinhaltet doch nicht nur Arbeit und Konsum. Ich kann es nicht nachvollziehen, wenn der sonntägliche Gottesdienst von profitgierigen Kapitalisten als eine Serviceleistung bezeichnet wird. Ein Volk der Dichter und Denker verkommt, weil die materielle Raffgier den Verstand minimiert und zum Tanz um das neuzeitliche goldene Kalb animiert. Jeden Sonntag versammeln wir uns in Deinem Namen, freuen uns, dass Du mitten unter uns bist. Vom Altar des Wortes vernehmen wir Deine froh machende und befreiende Botschaft und vom Altar des Brotes empfangen wir Dich in den Gestalten von Brot und Wein, damit Du in uns gegenwärtig sein kannst. Du schenkst uns durch den Heiligen Geist die Kraft für die neue Woche, um unser Leben immer wieder nach der Liebe neu auszurichten. Jesus gib allen die Möglichkeit aus innerster Freiheit, und nicht aus bloßer Tradition, mit allen Sinnen ganz dabei zu sein.

Dein Freund Jürgen

Alle meine Sorgen

Lieber Jürgen,

sorge Dich nicht um dein Leben und darum, dass du etwas zu essen hast, noch um Deinen Leib und darum, dass Du etwas zum Anziehen hast. Ist nicht der Leib wichtiger als die Nahrung und der Leib wichtiger als die Kleidung? Sieh Dir die Vögel des Himmels an: Sie säen nicht, sie ernten nicht und sammeln keine Vorräte in Scheunen; dein himmlischer Vater ernährt sie. Bist Du nicht viel mehr wert als sie? Kannst Du mit all deiner Sorge Dein Leben auch nur um eine kleine Zeitspanne verlängern? Und was sorgst Du Dich um deine Kleidung? Lerne von den Lilien, die auf dem Feld wachsen: Sie arbeiten nicht und spinnen nicht. Doch ich sage Dir: Selbst Salomo war in all seiner Pracht nicht gekleidet wie eine von ihnen. Wenn aber Gott schon das Gras so prächtig kleidet, das heute auf dem Feld steht und morgen ins Feuer geworfen wird, wie viel mehr dann dir, Du Kleingläubiger! Mach Dir also keine Sorgen und frage nicht: Was soll ich essen? Was soll ich trinken? Was soll ich anziehen? Denn um all das geht es den Heiden. Dein himmlischer Vater weiß, dass Du das alles brauchst. Dir aber muss es zuerst um sein Reich und um seine Gerechtigkeit gehen; dann wird Dir alles andere dazugegeben. Sorge Dich also nicht um morgen; denn der morgige Tag wird für sich selbst sorgen. Jeder Tag hat genug eigene Plage.

Dein Freund Jesus (vgl. Mt 6, 25 - 34)

Mein Freund Jesus,

ich soll mich also Deinen Worten nach um nichts sorgen. Das liest sich schön. Geht aber nicht! Ich bin doch nur ein Mensch, ein Kleingläubiger, so hast Du mich genannt. Zu Deiner Motivationsrede fällt mir unterschiedliches ein: Wir machen den Weg frei! Hier sorgen sich Menschen um mein

Guthaben. Ich kann mich um andere Dinge des Lebens kümmern. Oder das Lied „Don´t worry be happy – sorge dich nicht, sei glücklich!“ Was für ein einfaches Rezept. Das würze ich noch mit dem Lied von Marianne Mendt: „So wie es kommt, so ist es recht. Es kommt sowieso nicht so, wie man es gerne möchte.“ Und so führe ich dann mein Leben: Ohne emotionale Vulkanausbrüche, angstfrei und völlig gelassen wandere ich im Sinne Don Boscos durch mein Leben: „Fröhlich sein, Gutes tun und die Spatzen pfeifen lassen.“ Wenn ich das umsetzen könnte! Willst Du das von mir Jesus? Ich glaube, Du willst, dass ich Prioritäten setze, um mich nicht von irgendwelchen Alltagsbanalitäten auffressen zu lassen. Es gibt täglich weltweit Leid, Elend, Katastrophen und Konflikte. Ich konnte sie nicht verhindern, sie nur über die Medien erfahren. Für Sekunden bin ich betroffen, um mich im nächsten Moment von einem Sportergebnis ablenken zu lassen. Selbstverständlich stehe ich selbst auch vor Hürden. Ich kann sie nicht umgehen oder vor ihnen flüchten. Und manches Hindernis muss ich einfach nehmen, sonst beschäftigt es mich länger als mir lieb ist. Ich weiß, ständiges Jammern und Wehklagen bringen mich nicht weiter. Sich wehmütig nach der guten alten Zeit zurücksehnen, im eigenen Saft schmoren, auf das Wunder warten, im Selbstmitleid verharren, das hat nichts mit Glauben zu tun, das ist kein Umsetzen der Frohen Botschaft. Was Du einforderst und das zu recht, ist grenzenloses Vertrauen. Natürlich kann ich als gesunder, in gewisser Sicherheit lebender Mensch eine andere Lebenseinstellung haben und anders argumentieren wie einer, der in einem Katastrophengebiet lebt oder an einer unheilbaren Krankheit leidet oder von einem schweren Schicksalsschlag getroffen wurde. Meine Situation ist mit der Lebenslage eines anderen nicht zu vergleichen. Ich kann über Deine Worte nachdenken, mein Leben immer wieder aufs Neue danach ausrichten und leidenden Menschen Hilfestellung geben, nicht mit salbungsvollen Worten sondern im Da – Sein. Das bedeutet: Ich bin voll und ganz, mit Körper, Geist und Seele anwesend und das muss für meinen Gegenüber spürbar sein. Ich bin nicht dieser Terminchaot, der von einer Besprechung zur anderen hetzt und nur mit dem Hinterteil beim Gespräch sitzt, während sich der Kopf schon beim nächsten Treffen befindet. So funktioniert Seelsorge nicht. Ebenso wirkt sie nicht, wenn ich im Gespräch mit einem Menschen bin, in den Tenor des Leides mit einzustimmen. Da wird sich die Situation meines Nächsten nicht verändern. Du hast mich Eigenschaften an mir entdecken lassen, die mir unter die Oberfläche gehende Einblicke erlauben. Immer mit der Gewissheit lebend: Das Ganze ist mehr als die Summe seiner Teile. Für das Ganze stehst Du und für die Teile die Menschen. Ich will jetzt aber nicht überheblich wirken. Denn auch ich denke über Essen, Trinken und Kleidung nach. Sie spielen jedoch keine Hauptrolle in meinem Leben. Wenn ich zu einem Fest, einer Feier eingeladen bin, dann ist es mir wichtig, gehaltvolle Stunden zu verleben und zu wissen: Ich bin nicht die Hauptperson. Ich freue mich auf erhoffte und unverhoffte Begegnungen. Ich bin dankbar für die vorbereiteten Getränke und Gerichte. Ich nehme die Menschen um mich herum wahr. Ich schenke ihnen meine ganze Aufmerksamkeit. Ich schweife gedanklich nicht ab. Ich bin ganz ich selbst. Ich bin da. Nur wenn ich merke, mir wird nicht zugehört und meine Impulse, auf die in den Raum gestellten Fragen, kommen nicht an, dann will ich lieber schweigen. Etwas schwerer fällt es mir mit der Sorge um das Morgen. Ich denke an die Zukunft meiner Kinder, der Menschheit und dieses Planeten. Schließlich wurde in den vergangenen einhundert Jahren die Schöpfung in einem nie dagewesenen Ausmaß auf das Brutalste vergewaltigt. Auch ich kann mich nicht von einer Teilschuld freisprechen. Doch Du forderst mich auf, dass ich mich nicht ausschließlich auf das Morgen fokussieren soll. Daraus und im Vertrauen auf Dich folgt: Du wirst durch den Heiligen Geist erwirken, dass wir Menschen Mittel und Wege finden, um aus dem immer bedrohlicher werdenden Klimawandel herauszufinden. Das geht jedoch nicht ohne schmerzende Wunden und eine konsequente Veränderung der Lebensweise von statten. Wenn ich mir Deinen motivierenden, lebensbejahenden Brief noch einmal vor Augen führe, dann stehen die ideellen Werte ganz klar vor den Materiellen und den Ästhetischen. Du widersprichst somit dem vorherrschenden Zeitgeist, der leider innerhalb kirchlicher Kreise eine zu große Gewichtung einnimmt und als Sündenbock für eigene Verfehlungen herhalten muss. Jesus schütze mich vor derartigen Nachahmungseffekten! Denn ich bin hier auf Erden, um die Finger in die Wunden zu legen. Ich muss meinen Mund öffnen, wenn ich der Ansicht bin, dass wieder sorglos und blind gehandelt wird, selbst wenn ich mir dabei verbale Ohrfeigen einfange. Ich bleibe darin standhaft, weil ich zu 99% bestätigt werde. Jesus bewahre mich davor, dass ich mich als Moralapostel aufspiele, obwohl in mir ein zu mir selbst gnadenloser Richter vorhanden ist. Und schenke mir einen tiefen Schlaf, wenn ich vor lauter Sinnieren glaube, nicht einschlafen zu können!

Dein Freund Jürgen

Mein Vertrauensbekenntnis

Mein Freund Jesus,

mit meinem Vertrauensbekenntnis drücke ich aus, was ich tatsächlich glaube. So bete ich: Ich vertraue Dir, Jahwe, weil Du der bist, der immer für mich und meine Mitmenschen da sein wird, Du barmherziger und liebender Vater, Du immerwährend gegenwärtiger Schöpfer des Himmels und der Erde, Du Urgrund der Liebe. Ich vertraue Dir, Jesus Christus, weil Du der eingeborene Sohn bist und in absoluter Einheit mit dem Vater lebst. Dich nenne ich in einem Atemzug meinen Herren und meinen Freund. Du wurdest durch die Kraft des Heiligen Geistes empfangen und von Maria geboren. Tag für Tag verkündest Du mir Deine Frohe Botschaft. Du schenkst Dich mir in den Gestalten von Brot und Wein und durchflutest mich mit Deiner grenzenlosen und selbstlosen Liebe. In diesem Bewusstsein verleihst Du mir göttliche Würde, die mir das Selbstvertrauen schenkt meinen Mitmenschen von Dir und Deinem Wirken Zeugnis abzulegen. Um meines Heils Willen, wurdest Du verurteilt, gefoltert, gekreuzigt und bist gestorben. Doch Du bist wahrhaft auferstanden und so werde auch ich auferstehen. Du bist in den Himmel aufgefahren. Dort sitzt Du zur Rechten des allmächtigen Vaters. Am Ende aller Tage wirst Du kommen, um Lebende und Tote nach den Maßstäben der von Dir und dem Vater grundgelegten Liebe zu richten. Ich glaube an Dich, Heiliger Geist. Du wurdest zu uns gesandt, damit wir die Botschaft der Liebe stets beherzigen und leben. Du wirkst in dieser Welt und schenkst uns die Vergebung der Fehler, damit wir umkehren und neu anfangen können. Du machst uns zu den lebendigen Steinen der Kirche, deren Haupt Du, Jesus Christus, bist. Weil ich auf Dich vertraue, dreifaltiger Gott, glaube ich an die ganzheitliche Auferstehung und das ewige Leben. Amen.

Dein Freund Jürgen

MIX
Papier aus verantwortungsvollen Quellen
Paper from responsible sources
FSC® C105338

Printed by Books on Demand GmbH, Norderstedt / Germany